MORREU NA CONTRAMÃO

Arthur Dapieve

MORREU NA CONTRAMÃO

o suicídio como notícia

ZAHAR
Jorge Zahar Editor
Rio de Janeiro

Jorge Zahar Editor
rua México 31 sobreloja
20031-144 Rio de Janeiro, RJ
tel.: (21) 2108-0808 / fax: (21) 2108-0800
e-mail: jze@zahar.com.br
site: www.zahar.com.br

Projeto gráfico e composição: Leo Boechat
Capa: Dupla Design
Ilustração da capa: © Malcolm Hanes/Etsa/Corbis

CIP-Brasil. Catalogação-na-fonte
Sindicato Nacional dos Editores de Livros, RJ.

D222m
Dapieve, Arthur, 1963-
Morreu na contramão: o suicídio como notícia / Arthur Dapieve. – Rio de Janeiro: Jorge Zahar Ed., 2007.

Inclui bibliografia
ISBN 978-85-7110-980-3

1. Suicídio. 2. Suicídio na comunicação de massa. 3. Jornalismo. I. Título.

07-0243
CDD: 070.44
CDU: 070.44

Sumário

Prefácio

Sobre o sentido da vida

Arthur Ituassu
Jornalista e prof. da PUC-Rio

M.E. tinha vinte e poucos anos quando seu filho nasceu. Na época, ela voltara a morar com os pais e o irmão mais novo, depois que fora abandonada pelo marido. O apartamento de classe média, de uma pacata cidade do interior do Brasil, não era grande. O pai de M.E., que nunca foi de sorrir, pouco falava daquela situação. Sua mãe cuidava do bebê, que chorava muito. A depressão do fim do relacionamento e o medo de criar uma criança sozinha afastavam M.E. do filho. Numa tarde de sol de quarta-feira, depois de um agradável almoço com a família, ela se jogou pela janela da sala do quarto andar.

O suicídio é uma idéia que assusta. Nas páginas que se seguem, Arthur Dapieve mostra, entre outras coisas, a dificuldade que temos de lidar com o termo – dificuldade esta bem representada na forma como a imprensa em geral trata a questão. E o que o suicídio é senão o que pensamos dele? Em *Morreu na contramão*, Dapieve lembra que muitas vezes explicações simples, como a do desespero e da depressão, são apenas modos pouco eficientes de resolver um dilema mais complexo, que habita o terreno árido da filosofia.

Na obra de Albert Camus, por exemplo, *O mito de Sísifo*, o que está em jogo é muito mais do que uma situação momentânea. Pensar o suicídio é refletir sobre o sentido da vida. Afinal, vale a pena viver tendo consciência do fim?

Para Camus, essa é a questão principal da filosofia. De fato, construímos religiões e noções de amor eterno e tentamos crer numa resposta a uma pergunta sem resposta. O que acontece depois? Se a vida com a ciência da morte é o dilema fundamental da existência humana, vale a pena prolongá-lo? Nos versos de *Augúrios da inocência*, de William Blake, recitado pelo índio chamado Ninguém, no filme clássico do diretor norte-americano Jim Jarmusch, *Dead Man*, a ambigüidade é a resposta: "Toda noite e toda manhã, alguns nascem para o sofrimento; toda manhã e toda noite, alguns nascem para a doce alegria; alguns nascem para a doce alegria, alguns nascem para a eterna melancolia."[1]

Se pouco falamos da morte voluntária, é também porque inventamos fórmulas de evitar o assunto. Dapieve trata disso ao levar em conta o problema do "contágio", utilizado muitas vezes como justificativa para a indiferença em relação ao tema. O exemplo clássico de *Os sofrimentos do jovem Werther*, de Goethe, que levou a uma onda de suicídios entre jovens germânicos, ainda reverbera nas letras e mentes mais de 230 anos depois de sua publicação.

---

[1] Tradução minha para: Every night and every morn/Some to misery are born/ Every morn and every night/Some are born to sweet delight/Some are born to sweet delight/Some are born to endless night.

Seguindo o padrão existencial-cultural do medo apresentado por Dapieve, não consegui pensar em outras palavras introdutórias para uma obra sobre o suicídio que não fossem uma celebração de estar vivo. Procuro sentido e acho imediatamente o amor. Procuro novamente e lembro da última frase do livro: "Fazer a apologia do suicídio, afinal, seria tão inútil quanto fazer a apologia da vida."

E tropeçou no céu como se fosse um bêbado
E flutuou no ar como se fosse um pássaro
E se acabou no chão feito um pacote flácido
Agonizou no meio do passeio público

Morreu na contramão atrapalhando o tráfego

— Chico Buarque
(*Construção*, 1971)

Introdução

Nas entrelinhas do noticiário

Um suicídio não é um acontecimento extraordinário. Segundo dados da Organização Mundial de Saúde, entre 20 e 60 milhões de pessoas tentam se matar a cada ano. Aproximadamente um milhão consegue. Tal número supera o de mortes em guerras e assassinatos. No Brasil, o Ministério da Saúde criou, em 2006, uma estratégia nacional de prevenção ao suicídio, batizada Amigos da Vida, reconhecendo assim a extensão das ocorrências. Aqui, embora elas tenham passado de 3,9 em 100 mil habitantes (1994) para 4,5 em 100 mil habitantes (2004), ainda constituem uma taxa considerada baixa na comparação com outros países. E, no entanto, a imprensa pouco aborda a questão e, quando o faz, quase sempre obscurece o acontecimento individual – alguém decidiu que a vida não valia mais a pena ser vivida – atrás de uma cortina de eufemismos.

Algumas das melhores cabeças da humanidade se detiveram sobre a morte voluntária, conforme cada vez mais, os tabus de origem religiosa foram se tornando menos importantes e a quantidade de casos foi aumentando. Entre outros, Marx, Durkheim e Camus escreveram sobre o assunto. Este último, em particular, cunhou frases famosas sobre o tema – "Só há um problema filosófico verdadeiramente sério: é o suicídio. Julgar se a vida merece ou não ser vivida é responder a uma questão fundamental da filosofia." E, no entanto, a imprensa tende a ocultar os suicidas em pés de página, de modo diferente dos mortos pelas mãos alheias ou por causas naturais.

Há razões práticas e compreensíveis para isso, como amenizar o inevitável sentimento de culpa dos familiares e amigos próximos do morto, respeitar a privacidade de sua dor, implicações securitárias etc. Em torno da notícia de uma morte voluntária nas sociedades ocidentais, entretanto, costuma haver um silêncio que expressa algo mais difuso, mas não menos eloqüente, derivado das crenças conjugadas de que o suicídio pode ser, de certa forma, contagioso, transmissível a suicidas em potencial, tratados de forma análoga à dos "portadores sadios" de uma doença; e de que os meios de comunicação de massa podem ser, pela própria natureza de sua função social, os vetores deste tão temido contágio, verbalizado ou não nas redações dos jornais. Como jornalista profissional, tais crenças sempre me intrigaram.

Como classe, tentamos evitar, pelo rigor na edição e pelo tratamento retórico, que se repita o que aconteceu com a publicação do romance *Werther*, de Johann Wolfgang von Goethe. A partir de 1774, a Europa romântica foi sacudida por uma onda de suicídios de jovens que se identificaram com o amor não-correspondido do protagonista pela adorável, embora refratária, Charlotte. A situação chegou a ponto de esses jovens adotarem a mesma saída para seus próprios dramas: matar-se com um tiro de pistola. Exemplares do livro de Goethe eram encontrados ao lado dos moribundos ou dos cadáveres. A expressão "efeito Werther" passou a ser usada sempre que um suicídio – sobretudo o de artistas – serve de inspiração para que outras pessoas se matem.

Em sua carta de despedida, escrita numa linguagem transbordante de emoção que nunca ou quase nunca é encontrada nos bilhetes de suicidas reais, normalmente frios e práticos, Werther se dirige a Deus e ao objeto de seu amor não-correspondido, Charlotte: "Em torno de mim reina a tranqüilidade, e minha alma está tão calma! Agradeço-vos, ó Deus, por me concederes em meus últimos momentos este calor e esta força!" Logo adiante, ele sinaliza a proximidade da morte com uma metáfora, não com a concretude da arma de fogo: "Veja, Charlotte, que não tremo ao pegar a fria e terrível taça por onde quero beber a embriaguez da morte! É você quem me apresenta e eu não hesito um só momento. É assim que se consumam todos os votos, todas as esperanças da minha vida!"

Não há, previsivelmente, uma estatística do "efeito Werther" sobre a população masculina jovem européia do século XVIII. No entanto, o fenômeno foi significativo o bastante para o crítico e ensaísta britânico A. Alvarez escrever em *O deus selvagem: um estudo do suicídio* que "o percurso de Werther foi como o percurso de um carro de Jagrená indiano;[1] media-se o seu êxito pelo número de suicidas que deixava atrás de si". Não sem sarcasmo, Alvarez observa que, no apogeu do romantismo, a vida era vivida como se fosse, ela também, uma obra de ficção, "e o suicídio se tornou um ato literário, um gesto histérico de solidariedade para com qualquer herói ficcional que fosse a coqueluche do momento".

Há, todavia, um estudo sobre suicídios por imitação, realizado por David Phillips na década de 1970. O autor encontrou um aumento de 12% nos casos nos EUA, no mês de agosto de 1962, o do suicídio da atriz Marilyn Monroe. Naquele momento, 303 pessoas além da taxa mensal norte-americana decidiram-se, então, pela morte voluntária. Um "fator Marilyn", portanto, parece ter assolado o país. Em geral, casos bastante noticiados aumentam a taxa em apenas 2,51%. Com relação a isso, ressalta S. Stack, da Universidade Estadual de Wayne, em Detroit, o papel dos meios impressos no processo de imitação teria peso maior que o dos meios eletrônicos. A televisão teria uma probabilidade 82% menor de deflagrá-lo do que um jornal. Na tevê, notícias sobre suicídios duram em média menos de 20 segundos e podem ser esquecidas ou até passar despercebidas. Já as histórias impressas podem ser "guardadas, relidas, postas na parede ou no espelho das pessoas, estudadas". Cópias de tais notícias são, freqüentemente, encontradas junto aos corpos de outros suicidas. Do mesmo modo como, no século XVIII, acontecia com os exemplares de *Werther*.

Quando, 200 anos depois, o semiólogo francês Roland Barthes elegeu articular seu *Fragmentos de um discurso amoroso* em torno sobretudo da "leitura regular" do *Werther*, estava, sem sombra de dúvida, não apenas ratificando a importância de Goethe na formação do sujeito apaixonado ocidental, mas também reconhecendo o suicídio como recurso retórico amoroso.

Às vezes, vivamente atingido por alguma circunstância fútil e envolvido pela repercussão que ela provoca, me vejo de repente

> numa armadilha, imobilizado numa situação (num sítio) impossível: só há duas saídas (*ou... ou então...*) e as duas estão igualmente trancadas: dos dois lados só tenho que me calar. Então a idéia de suicídio me salva, pois *pode ser falada* (e não me privo disso): renasço e pinto essa idéia com as cores da vida, seja para dirigi-la agressivamente contra o objeto amado (chantagem bem conhecida), seja para me unir a ele fantasiosamente na morte ("descerei ao túmulo para me abraçar com você").[2]

Barthes foi, ele mesmo, saudado pelos românticos mais-que-tardios como um suicida, pela suspeita de ter-se deixado atropelar por uma caminhonete, a 25 de fevereiro de 1980, próximo ao Collège de France, onde ministrava um curso sobre Marcel Proust e a fotografia. Tal suspeita, porém, é enfraquecida pela inépcia da suposta execução (Barthes morreu apenas a 26 de março, depois de um mês de agonia no Hospital Pitié-Salpêtrière) e pelo ânimo daquele que é considerado seu último texto, encontrado em processo de revisão, na sua máquina de escrever, na data do atropelamento: "Malogramos sempre ao falar do que amamos" (nele, Barthes trata da transcendência da arte e da esperança a partir de Stendhal). Sem dúvida, ele forneceu, por contraste, uma sugestão de abordagem do fenômeno do suicídio numa espécie de epígrafe aos seus *Fragmentos*. O escritor francês afirma que o próprio livro se baseia na consideração de que "o discurso amoroso é de uma extrema solidão", que tal discurso "talvez seja falado por milhares (quem pode saber?), mas não é sustentado por ninguém", e é completamente "relegado pelas linguagens existentes, ou ignorado ou zombado por elas, cortado não apenas do poder; mas também de seus mecanismos (ciência, saberes, artes)".[3]

Diferentemente do discurso amoroso, o discurso suicida e meta-suicida é incorporado tanto por uma multidão de sujeitos – mesmo Barthes assim afirma no seu "verbete" dedicado ao suicídio – quanto por uma multiplicidade de discursos, como atesta a profusão de títulos dedicados ao assunto nas ciências humanas, sociais e biológicas. Sendo, portanto, tema passível de abordagem filosófica, sociológica, antropológica, psicológica, médica, jurídica, histórica, política, religiosa, ética etc., o suicídio se constitui num ponto nevrálgico não somente do homem como das fronteiras disciplinares. Em *Les suicides*, por exemplo, Jean Baechler, não sem ironia, reclamou-lhe um não-lugar. "Eu não sou médico, nem psiquiatra, nem psicanalista; eu não sou moralista, nem filósofo, nem teólogo; eu não sou etnólogo, nem psicólogo e tampouco sociólogo. Assim, eu preencho as condições necessárias, se não suficientes, para estudar os suicídios", escreveu.

Em *Histoire du suicide: la société occidentale face à la mort volontaire*, Georges Minois, relatando a ausência de menções ao suicídio nos estudos de Michel Vovelle e de Philippe Ariès sobre a morte, lembrou que isso se deve, em parte, a falhas documentais: "As fontes que concernem às mortes voluntárias são diferentes daquelas que relatam as mortes naturais. Os famosos registros paroquiais de falecimentos não são aqui de nenhuma ajuda, porque os suicidas não tinham direito à inumação religiosa." Para Minois, os historiadores deveriam se dirigir a fontes heteróclitas (memórias, crônicas, jornais, literaturas) e a arquivos judiciais, pois a morte voluntária quase sempre foi considerada crime.

No meu caso, um pouco como Barthes empregou o *Werther*, utilizei *O suicídio: estudo de sociologia*, de Émile Durkheim, como "leitura regular". O livro é uma referência obrigatória quando se estuda o suicídio. Não por ser o primeiro. Sua própria bibliografia o comprova: está coalhada de livros de médicos e psicólogos sobre a morte voluntária. Durkheim, porém, propõe uma mudança drástica na abordagem do fenômeno: não mais vê-lo como a expressão individual de uma doença ou de uma loucura e sim como a expressão individual de um fenômeno coletivo. Pensando dessa forma, isolou para análise uma tipologia do suicídio ainda válida, dividida em egoísta, anômico e altruísta. Além disso, aceitou a idéia de "contágio" dentro das sociedades e admitiu que, mais do que o mero boca-a-boca, a imprensa poderia potencializar esta "transmissão".

Busquei, então, examinar de forma mais atenta o papel dos jornais nisso. Foi útil, para tanto, a minha experiência profissional, entre outras redações, nas do *Jornal do Brasil* (1986-91) e de *O Globo* (1992-2000). Tornei-me, aí, um "observador participante". Nascido na Escola de Chicago, esse método socioantropológico prescreve a virtual imersão do pesquisador no objeto pesquisado de modo a captar-lhe as sutilezas de conduta, seja por entrevistas com personagens-chave ou consulta a seus documentos (reportagens), seja por observação direta ou experiência de vida.

Percebi, nesta análise, que muito mais do que ser determinante do modo como os leitores encaram o suicídio, a imprensa, sim, é determinada pela visão que os leitores têm da morte voluntária. Dentro dessa perspectiva, a imprensa se colocaria não como vetor do "contágio", mas como instância social solidária ao tabu que a suplanta. Em artigo no livro *A Handbook of Qualitative Methodologies for Mass Communication Research*, Gaye Tuchman, da Universidade de Connecticut, apontou três mudanças importantes introduzidas pela "observação participante". A primeira diz respeito à unidade de análise, quando o repórter ou o editor individual dá lugar a empresas de notícias "como instituições complexas". A segunda enaltece os estudos "implicitamente políticos", embora enquadrados em linguagem acadêmica "neutra". A terceira, finalmente, chama a atenção para os estudos que levantaram um tema epistemológico chave: "Como empresas de notícias vêm a 'saber' o que 'sabem'."[4]

Para mim, de particular importância era a segunda das mudanças mencionadas por Tuchman. Meu interesse era tentar entender como o noticiário apóia as interpretações oficiais (ou hegemônicas) de um fato controverso – o suicídio. Ou seja, o modo como ele reflete e reforça o senso comum sobre o assunto, com a condenação quase unânime quando se trata de um suicídio motivado por problemas ou decisões particulares (dissabores amorosos, como Werther, ou dívidas) e a absolvição quase unânime ou, ao menos, a relativização quando se trata de um suicídio motivado por causas externas ao sujeito que se mata (como o homem-bomba islâmico). Ou, para recorrer à tipologia de Durkheim, a condenação do suicídio egoísta ou anômico; a absolvição ou relativização do suicídio altruísta.

Escolhi para pôr sob a lupa, e investigar como o suicídio é de fato *falado*, o material sobre o tema publicado no ano de 2004, no jornal carioca *O Globo*, um dos quatro maiores diários do país, cuja tiragem média é de quase 300 mil exemplares.[5] Além disso, sua linha editorial é coerente com a de todos os veículos de comunicação das Organizações Globo (outros jornais, emissoras de televisão, rádios, revistas, sites de internet) e estabelecida em reuniões semanais entre seus principais executivos. Portanto, é razoável supor que mais ou menos as mesmas deliberações fundamentais – quanto ao suicídio ou a qualquer outro tema polêmico – sejam apresentadas diariamente diante de um público de dezenas de milhões de brasileiros, refletindo e alimentando suas convicções, num processo contínuo que impossibilita definir onde acaba uma etapa e começa outra.

Sendo verdade que "a notícia é um pedaço do social que volta ao social", como disse Bernard Voyenne, redator do jornal *Combat* junto com Camus durante a Segunda Guerra Mundial, os vínculos entre uma imprensa livre e sua sociedade são indissolúveis. Tais vínculos são tanto os manifestos quanto os ocultos, o dito e o não-dito. Segundo Teun A. van Dijk, professor de Estudos do Discurso na Universidade de Amsterdã, em outro artigo de *A Handbook of Qualitative Methodologies*, a notícia é uma importante formadora de opinião não só pelo que diz e pelo que não diz, mas também pelo como diz. Para Van Dijk, uma das mais poderosas noções na análise crítica das notícias é a de "implicação". Considerável porção da informação de um texto não é expressada de forma explícita. Tanto palavras quanto orações podem implicar conceitos e proposições passíveis de serem inferidos a partir do conhecimento prévio – o que, evidentemente, tem importantes aspectos ideológicos. A análise do não-dito é às vezes tão ou mais reveladora que o estudo do que de fato foi dito no texto.[6]

Em si mesmo, como acentua Van Dijk, este método contém os elementos de uma interdisciplinaridade, conforme agrega antropologia, etnografia, microssociologia, psicologia social e cognitiva, poética, retórica, estilo, lingüística, semiótica e "outras disciplinas nas ciências humanas e sociais interessadas no estudo sistemático de estruturas, funções e processamento de texto e fala". Procurei expor a ideologia em torno do suicídio nas linhas e entrelinhas do noticiário.

Antes de se aventurar *O capital* adentro, o jovem Marx escreveu, em 1846, um texto pouco conhecido, *Sobre o suicídio*, publicado uma única vez enquanto viveu. Na verdade, Marx pegou um texto de Jacques Peuchet (1758-1830), ex-arquivista policial em Paris, entre outras coisas, como jornalista e funcionário de ministério, e subscreveu as opiniões dele sobre o assunto, apenas acrescentando, aqui e ali, suas próprias palavras e reflexões. "Unidos", o conservador francês e o progressista alemão viram, em quatro casos de suicídio, três deles cometidos por mulheres, a "coisificação" do ser humano na vida burgueso-capitalista. "A classificação das diferentes causas do suicídio deveria ser a classificação dos próprios defeitos de nossa sociedade", escreveu Peuchet, encampou e adaptou Marx.

"Juntos", os dois autores defenderam os suicidas da acusação de anormalidade e covardia, argumentando que o suicídio pode se afigurar como a única porta deixada aberta pela opressão, a única saída de uma rotina de abjeções e indignidades: "O suicídio não é, de modo algum, antinatural, pois diariamente somos suas testemunhas. O que é contra a natureza não acontece. Ao contrário, está na natureza de nossa sociedade gerar muitos suicídios." Mais de um século e meio depois, com as taxas de suicídios mantendo curvas ascendentes, continuamos como testemunhas, mas de um tipo muito particular: aquele que se recusa a ver o que ocorre à sua volta. Nisso, como noutras coisas, a imprensa é nosso espelho.

Dois escritores em Turim:
Durkheim e sua clássica tipologia do suicídio

A 26 de agosto de 1950, poucos dias antes de comemorar 48 anos e logo após haver recebido o prêmio Strega, a maior honraria literária da Itália de seu tempo, Cesare Pavese ingeriu uma dose fatal de 16 cápsulas de barbitúrico num quarto de hotel em Turim. Uma semana antes, na última anotação em seus diários, posteriormente publicados, ele de certa forma já havia se despedido: "Sem palavras. Um ato. Não vou escrever mais." Ainda assim, Pavese deixou um pedido de desculpas rabiscado num exemplar de seu romance *Diálogos com Leucó*: "Eu perdôo a todos e a todos peço perdão. Tudo bem? Não fofoquem muito."

A 11 de abril de 1987, sábado de Páscoa, por volta das dez da manhã, Primo Levi pulou pelo vão da escada do prédio onde residia, entre outros familiares, com a mulher e a mãe enferma, no número 75 do Corso Re Umberto, em Turim. Foram três andares, 15 metros de queda até a morte instantânea ao lado do elevador. Feitos os exames no corpo de 67 anos, tomados os depoimentos dos parentes e empregados, só quase dois meses depois as autoridades declararam oficialmente que Levi se matou. Apesar disso, logo disseminou-se o boato de que o escritor não cometera suicídio e sim que tão-somente caíra da escada, num terrível acidente.

Pavese e Levi são dois dos maiores escritores italianos do século XX ou, de modo mais específico, dois dos maiores escritores piemonteses do século XX. Seriam suas mortes voluntárias, consumadas na mesma metrópole, separadas por pouco menos de 37 anos, expressões isoladas da vida atormentada de homens que ou desde sempre contemplaram o suicídio ("Não falta a ninguém uma boa razão para o suicídio", é uma das frases da juventude de Pavese) ou perderam a fé mesmo tendo sobrevivido a uma situação-limite (Levi passou um ano prisioneiro no campo de extermínio de Auschwitz, durante a Segunda Guerra Mundial)?

Cesare Pavese nasceu em Santo Estefano Belbo, a 9 de setembro de 1908. A impossibilidade de escrever livremente sob o governo do ditador Benito Mussolini (no poder desde 1922) transformou-o também no mais importante tradutor e divulgador da literatura norte-americana moderna na Itália, sendo o responsável pela apresentação a seus compatriotas das obras de, entre outros, Herman Melville, Ernest Hemingway, William Faulkner, John Steinbeck e Sherwood Anderson. Passou um ano (1935-36) desterrado em Brancaleone, na Calábria, por conta de suas atividades políticas. Quando saiu, descobriu que a mulher amada casara-se com outro. Nos três anos finais da Segunda Guerra (1942-45), Pavese viveu entre os *partigiani* em luta contra os fascistas italianos e os nazistas alemães nas montanhas do Piemonte. Mais tarde, rompeu com o Partido Comunista Italiano e deprimiu-se com seguidas desilusões amorosas.

Num artigo sobre Pavese escrito para a *Revue des Études italiennes*, em 1966, e mais tarde incluído na sua coletânea *Por que ler os clássicos*, seu compatriota Italo Calvino relacionou o romance *A lua e as fogueiras*, publicado naquele mesmo ano, 1950, com a morte do seu autor. No livro, o narrador sem nome ("eu") retorna dos EUA, aonde foi ganhar a vida, a fim de reconhecer sua terra natal – apenas para sentir-se, uma vez mais, excluído. Calvino apontou a exclusão como o tema lírico dominante de Pavese e que, sendo o romance sua obra mais autobiográfica, era o mais cheio de "signos emblemáticos":

> O pesado fundo fatalista de Pavese é ideológico só como ponto de chegada. A zona cheia de colinas do Baixo Piemonte onde ele nasceu ("a Langa") é famosa não só pelos vinhos e trufas, mas também pelas crises de desespero que golpeiam endemicamente as famílias camponesas. Pode-se dizer que não há semana em que os jornais de Turim não noticiem que um agricultor se enforcou ou se jogou no poço, ou então (como no episódio que está no centro desse romance) pôs fogo na casa, dentro da qual estavam ele mesmo, os animais e a família.[1]

Primo Levi nasceu em Turim mesmo, a 31 de julho de 1919. Apesar de judeu, conseguiu formar-se em química em 1941, já na quadra final do governo anti-semita de Mussolini. Tal qual Pavese, decidiu juntar-se aos *partigiani* nas montanhas para combater os alemães que ocuparam o seu país quando do colapso do regime do *Duce*. Foi preso e despachado para Auschwitz, onde sobreviveu por um ano (1944-45), até a libertação do campo, graças à sua utilidade como químico.

A experiência despertou-lhe a necessidade de se expressar literariamente em memórias, romances e poemas. Sua temporada no inferno rendeu, por exemplo, *É isto um homem?* e o périplo de volta à casa, *A trégua* – ambos os livros editados pela Einaudi, na qual Pavese trabalhou. Toda a família Levi sobreviveu à guerra e, na ocasião do suicídio, sua mãe, Ester, ainda estava viva aos 92 anos, embora padecesse de câncer. Ela estava com uma enfermeira em outra parte do mesmo apartamento quando o escritor se matou.

Muitos, porém, recusaram-se a acreditar em suicídio. Serviam-se, como argumento, da passagem de Levi por Auschwitz[2] e da inexistência de uma carta de despedida ou algo assim, diferentemente de Pavese. Sabia-se, entretanto, que Levi andava muito deprimido. Deprimido por conta da doença da mãe. Deprimido por causa de seu próprio câncer na próstata, operado pouco tempo antes de se matar. Sua mulher, Lucia, ao chegar ao prédio da família, disse: "Eu temia, todo mundo temia ... Primo estava cansado da vida. Nós fizemos o que podíamos para nunca deixá-lo só, nunca. Apenas um momento foi o bastante." A declaração foi publicada pelo jornal milanês *Corriere della Sera*, que de modo melodramático intitulou a notícia da morte do escritor "Esmagado pelo fantasma do campo".

Além de razões circunstanciais para se matar, Levi possuía um antecedente de suicídio na família. A 25 de julho de 1888, seu avô paterno, Michele Levi, pulou para a morte de uma janela no terceiro andar de um prédio em Turim. Tinha 40 anos, contra os 67 de seu neto quando este repetiu seu gesto. Quaisquer que tenham sido os motivos de

Primo, fantasmas do passado ou mazelas do presente, os de Michele eram bem claros: ele acabara de fugir da cidade de Bene Vagienna, onde morava, depois que o seu banco faliu e enfureceu a população local.

No epílogo de sua minuciosa biografia de Primo Levi, publicada em 2002, o jornalista inglês Ian Thomson buscou repercutir o que a Itália de 1987 disse após o suicídio de um de seus maiores escritores. Ele mencionou todas as hipóteses razoáveis para a decisão (a doença da mãe, o próprio sofrimento físico, a crescente perda de memória e "a explicação romântica", Auschwitz) e também algumas das hipóteses desarrazoadas (mania de perseguição, neofascistas ameaçando-o com armas etc.). No entanto, Thomson registrou como "a mais bizarra" a do escritor siciliano Gesualdo Bufalino. Dias antes do suicídio de Levi, a rede estatal RAI exibira tarde da noite *O inquilino*, de Roman Polanski, no qual um judeu franco-polonês (Trelkovsky, interpretado pelo próprio diretor) salta de um terceiro andar em Paris. Para Bufalino, autor de *O disseminador da peste*, Levi fora "emocionalmente contagiado" pelo filme.[3]

O jornalista recolheu depoimentos que falam de uma depressão ao mesmo tempo mais arraigada e mais difusa, como os do livreiro Angelo Pezzana ("Primo não se matou por causa da sua mãe ou de Auschwitz, foi algo profundamente dentro dele"); de Luciana Nissim, amiga de Levi que, como ele, sobreviveu ao Holocausto ("Primo estava fora de si com a desgraça, nenhuma quantidade de amor de outras pessoas poderia tê-lo salvo"); e de Anna Maria, irmã caçula de Levi ("Não foi nada, absolutamente nada"). A partir deles,

Thomson afirmou que há sempre dois suicídios: "O real e o que as pessoas acham que conhecem." Daí, no decorrer dos anos, as repetidas declarações públicas de que Primo Levi na verdade não havia se matado. "Subjacentes a essas tentativas de eximi-lo do 'auto-assassinato' está a crença de que um grande e corajoso homem não poderia fazer tal coisa", escreveu. "Mas tais homens a fazem, bastante freqüentemente."[4]

Por fidelidade ao ideário racionalista da imprensa, Thomson não acredita na existência de suicídios de caso pensado. Para ele, o de Levi teria sido, se não conseqüência de loucura rasgada, o efeito de uma perturbação psicológica grave: "Seu suicídio foi provocado por sua depressão clínica, que era composta por uma complexa teia de fatores." Como testemunha de defesa de sua conclusão, arrolou o próprio Levi, graças a algo escrito em 1967, sobre o conterrâneo Cesare Pavese: "Ninguém ainda foi capaz de penetrar na razão e nas raízes do seu suicídio."

* * *

O francês Émile Durkheim buscou precisamente isso em *O suicídio: estudo de sociologia*, publicado em 1897, cuja intenção foi penetrar na razão e nas raízes de toda e qualquer morte voluntária, entendida não mais como expressão individual de uma doença e sim como expressão indivi-dual de um fenômeno coletivo. No processo, forneceu uma explicação parcial para os suicídios de Pavese e de Levi ao menos 60 anos antes de eles terem ocorrido. E certamente não era a loucura.

Antes de Durkheim, mesmo nos trabalhos com pretensão científica que coalham a bibliografia de seu livro, muitos deles assinados por médicos e psiquiatras importantes, lendas e fatos sobre a morte voluntária se fundiam, pressionados por séculos de condenação religiosa e judicial. Que quase inevitavelmente reforçavam um senso comum que remontava à Idade Média européia: o suicida estava ou sob a influência do demônio ou louco. Na existência do primeiro, o judeu agnóstico Durkheim não acreditava. Quanto à loucura, apoiado em análise estatística, ele haveria de provar que o suicídio era um fenômeno da razão.

Durkheim mostrou que os países em que há menos loucos são aqueles em que há mais suicídios. Tomando como um de seus exemplos a Saxônia, região do Império Alemão, ele mostrou que lá havia 84 loucos por 100 mil habitantes e 272 suicídios por um milhão de habitantes. Por contraste, na Escócia, integrante da Grã-Bretanha, havia 202 loucos por 100 mil habitantes e apenas 35 suicídios por um milhão de habitantes. Por meio de comparações como essas e das conclusões delas inferidas, o sociólogo separou a alienação da morte voluntária: "A taxa social de suicídios não mantém, portanto, nenhuma relação definida com a tendência à loucura."

Ele foi auxiliado por, entre outros, seu sobrinho Marcel Mauss, ele próprio sociólogo e antropólogo importante, e por Maurice Halbwachs, que, em 1930, escreveria *Les causes du suicide*, discordando de maneira respeitosa de algumas conclusões do mestre. *O suicídio* cruzou as estatísticas disponíveis na França e em outros países europeus de modo a refutar ou explicar por que certas doenças mentais ou religiões, certas raças ou tipos humanos, certas classes sociais ou sexos, certos climas ou horários do dia tenderiam a parecer mais propensos ao suicídio. Encontrou um aparente enigma: embora, claro, pessoas diferentes se matem por motivos diferentes, a cota de suicidas de cada sociedade permanece estável por pe-ríodos contíguos de tempo. Chamou a isso de "taxa social".

Durkheim notou que a única constante era que o suicídio se relacionava diretamente com o grau de envolvimento do suicida com a sua sociedade – e que isso às vezes apenas coincidia com o senso comum. Por exemplo, os homens se matavam quatro vezes mais que as mulheres, certo, mas não porque fossem mais predispostos a isso e sim porque, no século XIX, tinham uma vida social mais ativa que elas. Em sentido inverso, ou seja, desmentindo a impressão popular e aparentemente lógica de que a hora das trevas ou as longas noites de inverno influenciavam o espírito das pessoas que, deprimidas e solitárias, se matariam, Durkheim mostrou que elas o faziam com mais freqüência de dia, em particular nas horas ditas comerciais, e nos meses quentes do Hemisfério Norte, justamente porque eram estes os momentos de maior intensidade da vida social.

Dessas observações, e de observações análogas, Durkheim extraiu sua célebre tipologia dos suicídios. Nela, as mortes voluntárias são classificadas não pela via morfológica, mas sim pela etimológica. Ou seja, não a partir das aparências e sim das causas. Para ele, assim, todas se enquadravam em uma de três categorias: egoístas, altruístas ou anômicas – havendo tipos híbridos entre elas – sempre por força da relação entre o suicida e a sua sociedade.

Durkheim chamou de suicídio egoísta o praticado por quem já não vê razão de ser na vida, porque, no seu entender, "o homem não pode viver a não ser que se ligue a um objeto que o ultrapasse e que lhe sobreviva". O autor estabeleceu, então, três proposições complementares: o suicídio varia em razão inversa ao grau de integração da sociedade religiosa; o suicídio varia em razão inversa ao grau de integração da sociedade doméstica; e o suicídio varia em razão inversa ao grau de integração da sociedade política. Os indivíduos são, por assim dizer, protegidos da morte voluntária por estarem bem integrados na vida social, por serem membros de uma comunidade religiosa unida, por serem casados. De maneira inversa, são mais propensos ao suicídio os ateus, os solteiros, os marginalizados. Os artistas, ao menos na visão romântica, se enquadram nessa última categoria.

Não é de outro tipo de alienação social que tratam muitos dos bilhetes de despedida deixados, por exemplo, por escritores como Cesare Pavese ou músicos como o norte-americano Kurt Cobain. Guitarrista do grupo de rock Nirvana, Cobain deu um tiro na cabeça dentro de sua casa em Seattle, aos 27 anos, a 5 de abril de 1994. O corpo foi encontrado apenas três dias depois. Em 10 de abril, sua viúva, Courtney Love, atriz e também guitarrista na banda Hole, gravou uma mensagem para os fãs. Nela, não sem sarcasmo, não sem raiva, ela lia o bilhete de despedida de Cobain, bilhete que chamou de "carta ao editor".

> Não tenho sentido a excitação de escutar e também de criar música, bem como de ler e escrever, faz anos... Eu tentei de

> tudo que está ao meu alcance para apreciar isso, e eu aprecio. Deus, acredite, eu aprecio... Eu devo ser um daqueles narcisistas que só apreciam as coisas quando estão sós. Sou sensível demais. Tenho de estar ligeiramente entorpecido para reconquistar o entusiasmo que eu tinha quando criança ... Desde os 7 anos tornei-me odioso diante de todos os humanos em geral ... Eu sou errático, instável demais, baby! Não tenho mais paixão, então lembre-se, é melhor queimar do que se apagar.[5]

Suas palavras de despedida ecoam, de modo involuntário, as que Leon Trotsky escreveu sobre outro jovem poeta suicida, Serguei Essenin (1895-1925), nas páginas do jornal moscovita *Pravda*. No seu elogio fúnebre, o líder soviético afirmou que, a despeito de ter cantado os camponeses e de ter se declarado bolchevique, Essenin não era de fato um revolucionário: "O poeta está morto porque não era da mesma natureza da Revolução." Para Trotsky, enquanto um era "um ser interior, meigo, lírico", a outra era "pública, épica, cheia de catástrofes". Essenin e Cobain ilustram à perfeição o tipo egoísta de suicídio porque, como afirmou Durkheim, "a sociedade não pode desintegrar-se sem que, na mesma medida, o indivíduo se desligue da vida social, sem que seus fins próprios se tornem preponderantes sobre os fins comuns, sem que sua personalidade, em suma, tenda a se colocar acima da personalidade coletiva".

Para o sociólogo, quanto mais os grupos a que o indivíduo pertence se enfraquecem, mais ele depende apenas de si mesmo para não reconhecer outras regras de conduta além das ditadas por seus interesses privados: "Se, portanto, conviermos chamar de egoísmo esse estado em que o eu individual se afirma excessivamente diante do eu social e a expensas deste último, poderemos dar o nome de egoísta ao tipo particular de suicídio que resulta de uma individuação desmedida."[6]

Se o indivíduo se mata com mais facilidade quando se vê desligado da sociedade, por impulso próprio ou não, também se mata mais facilmente quando é integrado demais a ela. Para Durkheim, no suicídio altruísta "a razão parece estar fora da própria vida". Nele, o motivo da morte voluntária por vezes até é considerado louvável o bastante para não ser qualificado como suicídio. Exemplo extremo, mas que, por isso mesmo, tomou bastante tempo dos teólogos dos primeiros três séculos da Igreja: ao caminhar para a morte certa, consciente de ser ela sua missão na Terra, seria o abençoado Jesus tão suicida como o amaldiçoado Judas?

Segundo as idéias de Durkheim, que não os menciona, mas menciona soldados de todo o mundo, tão destemidos e esquecidos de si mesmos diante da mortal metralha, criados que perdem chefes no Extremo Oriente e mulheres que ficam viúvas na Índia, a resposta seria sim, Jesus foi um suicida. Georges Minois, em *Histoire du suicide*, apontou o discreto elogio bíblico à morte voluntária: "O cristianismo nasce e se desenvolve numa atmosfera ambígua, afirmando que esta vida terrestre, no 'mundo', é odiosa e que se deve aspirar à morte para reencontrar Deus e a vida eterna." Para o francês, há até uma passagem nos evangelhos na qual os judeus suspeitam que Jesus vai se matar. Está em João 7:33-34, quando o filho de Deus diz: "Ainda por um pouco de tempo estou convosco e então vou para aquele que me enviou. Buscar-me-eis sem me achar, nem podereis ir para onde estou."

Seja como for, o martírio voluntário dos santos foi louvado pela Igreja até o momento em que interesses terrenos o desqualificaram como nobre o bastante para elidir seu caráter suicida: o começo do século IV, quando o Império Romano converteu-se ao cristianismo sob Constantino. A partir dessa época, a condenação tanto religiosa quanto civil do suicida vai se tornando mais severa, até atingir as sádicas penas impostas aos corpos dos suicidas durante a Idade Média, quando, para a Igreja, matar-se por desespero era desprezar o poder da penitência, isto é, o seu poder; e, para o Estado, matar-se era privar o império de novos súditos e soldados numa época em que a baixa natalidade romana favorecia a expansão bárbara. Em *Tabu da morte*, José Carlos Rodrigues explicitou a idéia: "O interesse do poder pela vida dos homens é também apropriação da morte deles. Poder algum admite a liberdade de suicídio." Para o antropólogo, o caráter libertário não impede que, em outras circunstâncias, ele também seja apropriado pelo poder, que incita à sua prática.

Segundo Rodrigues, o poder muitas vezes institucionaliza o suicídio, "retirando de circulação social os indivíduos que cessaram de rentabilizar em seu favor e em favor de sua reprodução". É o caso dos esquimós, que acreditam que um homem, oferecendo sua vida em holocausto, poderia salvar a de seu filho ou de seu neto. Disse o antropólogo: "Se o poder incute nos parentes de um suicida um certo sentimento de vergonha, e se, de acordo com as culturas, decreta a impureza ritual deles, aqueles que se deram morte em nome dos valores cultuados pela coletividade, os suicidas altruístas, são dignos, não obstante, de respeito comunitário e credores de solenes homenagens e recompensas."[7]

O suicídio altruísta da tipologia de Durkheim, portanto, não é exclusividade cristã nem é puramente religioso – o outro mundo é pretexto para muitas ações drásticas neste. Isso é visível também no judaísmo (os 960 mártires da cidadela rochosa de Massada, que se mataram para não cair nas mãos dos romanos, em 73 d.C., são considerados heróis mesmo pelo historiador Flavius Josefus, pessoalmente hostil à morte voluntária) e no islamismo (em pleno século XXI, àqueles que morrem pela *jihad*, a "guerra santa", ainda são prometidas benesses no além-túmulo, além de assegurarem a sobrevivência de suas famílias no aquém-túmulo).[8] Ambas são religiões que, tal como o cristianismo, em outras circunstâncias condenam de maneira enfática o suicida, reservando ao morto um canto retirado nos seus cemitérios. Há uma clara contradição entre a promessa de felicidade após a morte e a proibição do suicídio, que levaria o indivíduo imediatamente ao paraíso.

Num livro sobre os juros, *O valor do amanhã*, o economista Eduardo Giannetti buscou mostrar como a idéia de poupar agora para usufruir depois não se esgota no mercado financeiro. Para o autor, os juros aparecem onde e quando quer que alguém troque o benefício futuro pelo prazer imediato. Nesse particular, as cinco principais religiões mundiais seriam variações sobre o mesmo tema duplo. Para cristianismo, judaísmo, islamismo, budismo e hinduísmo, a morte biológica não é o nosso fim definitivo e o nosso pós-morte será determinado por nossas ações em vida.

Dessa forma, como pergunta Giannetti, "se a peregrinação terrena é um vale de lágrimas e a bem-aventurança infinita é o prêmio dos que se entregam de corpo e alma ao chamado da fé, então por que adiar o momento da eterna e merecida recompensa?". Relembra o autor que a proliferação do martírio e a prática do suicídio coletivo se tornaram uma ameaça de tal ordem que as autoridades religiosas se viram compelidas a intervir: "Somente a partir daí, no século IV d.C., é que se declarou o suicídio um 'pecado mortal', capaz de condenar à danação quem o pratica."[9]

Pensando basicamente na Europa do fim do século XIX, Durkheim não poderia vislumbrar um exemplo extremado do tipo de suicídio que associava aos soldados, indivíduos bastante integrados na sociedade: o camicase que se matava pelo Japão e pelo imperador Hiroíto durante a Segunda Guerra Mundial. Considerado um deus vivo, o monarca requisitava de maneira formal o sacrifício de seus súditos – milhares de jovens arremessaram seus aviões contra os navios dos EUA; mini-submarinos também foram usados – para manter-se puro e intocado pelos infiéis norte-americanos. No processo, suas vidas também realimentavam a fornalha da oligarquia militar que dominava o Japão na época.

O pensamento de Durkheim, contudo, se aplica perfeitamente ao fenômeno quando diz que, para a sociedade coagir alguns de seus membros a se matar, é preciso que nela a personalidade individual quase não tenha importância. O reverso disso é que, para o indivíduo ter tão pouco espaço na vida coletiva, ele está quase totalmente absorvido no grupo: "Para que as partes tenham tão pouca existência própria, é preciso que o todo forme uma massa compacta e contínua".

O terceiro tipo de suicídio isolado por Durkheim, o anômico, conquanto guarde semelhanças com o egoísta (pelo desacerto do indivíduo que o pratica com a sociedade) e com o altruísta (porque, ainda assim, é a sociedade que o impele a se matar) configura algo distinto. Porque depende não do seu isolamento da sociedade ou da sua fusão a ela, mas da maneira pela qual ela os regulamenta. Na verdade, a anomia é a ausência de lei ou de regra, uma desregulamentação da rotina na vida do cidadão – ainda que essa desregulamentação possa vir a se constituir, num futuro mais ou menos próximo, em novo pacote de regulamentos.

Durkheim admitiu que, embora surja com mais freqüência numa situação de piora (falta de dinheiro, por exemplo), a anomia também diz presente numa situação de melhora (incapacidade de usar dinheiro em excesso) social. Em ambos os casos, afinal, a ausência de lei ou de regra desestabiliza o lugar do indivíduo na sociedade. Qualquer ruptura de equilíbrio impele o homem ao suicídio. Para o sociólogo, se "as crises industriais e financeiras aumentam os suicídios, não é por empobrecerem, uma vez que crises de prosperidade têm o mesmo resultado; é por serem crises, ou seja, perturbações da ordem coletiva".

Ele escreveu, lembremo-nos, nos estertores do século XIX, numa fase pouco avançada do capitalismo, ainda associada à sua forma colonialista. Entretanto, anteviu os fenômenos econômicos (e, por isso, condicionantes de fenômenos culturais) que, um século depois, começou-se a experimentar em larga escala sob os nomes de neoliberalismo ou globalização, ao analisar o papel regulador do Estado nas visões de "economistas ortodoxos e socialistas extremados".

Em *Mundialização e cultura*, Renato Ortiz chamou a atenção para o fato de que é justamente no final do século XIX que surge a idéia de um "mercado auto-regulável", hoje vaca sagrada de nove entre dez economistas. "Até então as partes de um mesmo país encontravam-se desarticuladas, e não se vinculavam de maneira orgânica com o 'sistema mundial'", escreveu Ortiz. "Elas passam agora a participar de uma entidade específica; o que era diverso e díspar pode integrar uma realidade auto-regulada." Como, porém, a auto-regulamentação deste mercado global nascente tinha muito pouco a ver com a dos mercados locais tradicionais, ainda que o indivíduo ganhasse montanhas de dinheiro, ele estaria sujeito à sensação de desamparo, de perda de referenciais e de identidade – à anomia.

Durkheim proclamou ser a anomia um fator regular e específico de suicídios nas sociedades modernas, "uma das fontes em que se alimenta o contingente atual". É lícito supor que desde então, com a vitória ao menos circunstancial da economia de mercado, o tipo anômico de suicídio tenha encorpado e passado a prevalecer nas estatísticas. Porque, como nota Ortiz, a constituição da nação como totalidade integrada implica a reformulação da própria idéia de espaço. Portanto, não é outro senão um cenário anômico o descrito como o do surgimento da nação, entidade percebida como atemporal, mas cujo sentido a história segue alterando.

Para Ortiz, "a nação rompe com o isolamento local". Os homens que viviam marcados pela realidade de suas províncias são integrados a uma entidade que os transcende, algo quase inimaginável. "O camponês, o operário, o citadino deixam de se definir pela sua territorialidade imediata para se transformarem em francês, inglês ou alemão." É nesse sentido que a formação da nação pode ser percebida como um processo de desenraizamento, no qual a cultura nacional "pressupõe um grau de desterritorialização, liberando os indivíduos do peso das tradições geograficamente enraizadas".[10]

Durkheim, porém, era um pessimista. Olhava em volta e tudo o que via era a erosão, pelos sucessivos impactos da revolução, da industrialização e da secularização, daquilo que o homem europeu ocidental do século XIX entendia como o seu papel. Tornado ignorante dele, sua saída então já era a excessiva individualização. Nela, o sociólogo enxergava as causas tanto das correntes suicidas quanto de outras manifestações de desorganização e alienação. Ou como Robert A. Nisbet escreveu em *The Sociological Tradition*: "O que de fato é característico do nosso desenvolvimento, Durkheim sugeriu, é que ele sucessivamente destruiu todos os contextos sociais estabelecidos." Em troca, nada teria sido criado para substituí-los. Pode-se argumentar, com Ortiz, que houve, sim, uma rápida substituição das referências locais pelas nacionais – e logo destas pelas transnacionais (como é o caso, por exemplo, da União Européia). Entretanto, isso não muda o fundamental: a anomia de hoje pode cristalizar-se na regra de amanhã.

Se a cultura nacional marcava um rompimento com aquela tradição que Marx dizia oprimir como um pesadelo o cérebro dos vivos, uma nova cultura mundializada marca também o surgimento de novos tipos de pesadelo, no qual o desenraizamento e a desterritorialização, bem como a crescente competitividade do "mercado auto-regulável", desempenham papel muito importante. No âmbito da cultura, o mesmo período marca o surgimento da modernidade, logo superada por uma pós-modernidade. No capítulo intitulado "Modernismo e pós-modernismo", de *A era do vazio*, Gilles Lipovetsky buscou estabelecer uma fronteira nesse terreno pantanoso.

O modernismo, Lipovetsky qualificou como "uma cultura radicalmente individualista e extremista, no fundo suicidária, que afirma a inovação como único valor", uma cultura na qual, "pela primeira vez na história, o ser individual, igual a qualquer outro, é percebido e se percebe como fim último, se concebe de maneira isolada e conquista o direito à livre disposição de si próprio, que constitui o fermento do modernismo". O pós-modernismo, por sua vez, foi visto por Lipovetsky como "prolongamento e generalização de uma das suas tendências constitutivas (*do modernismo*), o processo de personalização, e correlativamente pela redução progressiva de sua outra tendência, o processo disciplinar". O que apenas torna a opção da morte voluntária ainda mais presente. Sem conseguir estabelecer vínculos com uma sociedade em constante mudança, o indivíduo isolado contempla tanto uma vida quanto uma morte em aberto, ambas esvaziadas de sentido.

Nesse mundo, o homem enfrenta contínuas experiências de ruptura de equilíbrio – pessoais, familiares, financeiras, sociais, geográficas. Sua sensação de desarraigamento se dá não apenas entre país e país, mas dentro do espaço mesmo daquilo que outrora ele entendia como "sua cidade". Perdido em megalópoles cada vez maiores, o indivíduo olha em volta e tudo o que enxerga é anomia; literal e metaforicamente, ele perdeu os pontos de referência. Está mais exposto que nunca à tentação da morte voluntária do terceiro tipo, tal como isolado por Durkheim. Não deixa de ser uma ironia perversa da história que contribua para a percepção de anomia geral a espetacular visibilidade do suicídio do segundo tipo, o al-truísta, praticado em nome de uma causa além da vida, o Islã, no 11 de Setembro de 2001.

Volta e meia, ainda que de maneira discreta, alguma notícia de jornal menciona algum concidadão nosso que decidiu pular de um viaduto ou abraçar um trilho eletrificado. Em 2004, uma pequena nota publicada na *Folha de S. Paulo* anunciava o propósito da empresa concessionária do metrô paulistano de instalar portas de material transparente nas plataformas das estações a fim de prevenir suicídios. Como ocorre na mais moderna linha do metrô de Paris, a 14, que liga a Gare de Saint-Lazare à Bibliotèque François Mitterrand, as portas nas plataformas só se abrem quando os trens estão parados com suas próprias portas abertas nas estações.

A análise que o crítico marxista norte-americano Fredric Jameson fez da arquitetura de um hotel em Los Angeles, o Westin Bonaventure, projetado pelo arquiteto John Portman, no capítulo primeiro, "A lógica cultural do capitalismo tardio", de *Pós-modernismo*, fornece mais um tijolinho teórico para a construção de um panorama anômico e, logo, suicida. O prédio se propõe, como outras obras pós-modernas, a ser um "espaço total", com quatro torres rigorosamente simétricas, entradas da rua discretas, elevadores panorâmicos voltados para dentro, integração interna com um shopping center e sugere "uma experiência brutal de desorientação", uma vingança do espaço contra os que ainda insistem em viver nele, criando uma "disjunção alarmante" entre o corpo humano e o ambiente construído. Nele, o indivíduo já não é capaz de mapear o mundo à sua volta.

Torna-se menos estranho perceber que, neste habitat hostil, nunca se tenha falado tanto em comunidade, espécie de unidade-padrão da vida social na Idade Média. A reabilitação dessa idéia, no entanto, nada tem de pós-moderna. Remonta ao início do século XIX, quando começou a haver uma reação à exaltação dos iluministas ao contrato social. Na visão desses, a nova sociedade racional deveria ser, por definição, o oposto da sociedade tradicional. Assim, ela seria baseada no homem não como artesão, fiel ou camponês e sim como homem "natural".

Segundo Nisbet, a nova sociedade "deveria ser concebida como um tecido de relacionamentos específicos e voluntários em que os homens livre e racionalmente entram uns com os outros". Para os críticos dos iluministas, porém, o contrato não fazia sentido como comunhão de interesses porque também eles diziam respeito a algo externo – a comunidade. Tomando o partido da *communitas* no embate contra a *societas*, Auguste Comte, por exemplo, via a restauração da comunidade como um problema de urgência moral. Não tão conservador, embora compartilhasse com o pai do positivismo alguns pontos de vista, Durkheim lembrava a origem comunal da própria concepção humana de universo e ressaltava que tudo aquilo que se eleva acima do nível do fisiológico é social, ou seja, humano.

O primado da comunidade tem conseqüências interessantes em todo o trabalho de Durkheim, inclusive na relação estabelecida entre os tipos de suicídio e a vida social, em particular o anômico. Em 1893, antes mesmo de escrever *O suicídio*, ele já mencionara o tema da morte voluntária em *Da divisão do trabalho social*, por sua relação com períodos de desintegração social. Isso se dá porque a anomia durkheimiana é, em síntese, uma quebra na comunidade moral exatamente como o egoísmo é uma quebra na comunidade social. Logo, o seu apreço pelo sentido tradicional de comunidade permite-lhe ter uma compreensão mais profunda do fenômeno religioso, encarado pelos iluministas e por seus sucessores utilitaristas como mera crendice. Durkheim percebia que havia algo de eterno na religião, ou melhor, que o religioso-sagrado era uma ferramenta importante para o entendimento de manifestações sociais claramente não-religiosas.

Alexis de Tocqueville escreveu, no segundo volume de *A democracia na América*, algo similar. Para ele, os indivíduos nos Estados Unidos ficavam dispensados de formular opiniões próprias; a maioria é que se encarregaria de fornecer-lhes um pacote completo de opiniões já prontas. "Grande é o número que existe de teorias em matéria de filosofia, moral e política, que cada um adota sem exame e só pela fé do público", registrou em seu livro. Para Tocqueville, a própria religião reinaria nos norte-americanos mais como "opinião comum" do que como "doutrina revelada".[11]

Essa confluência de religião e opinião comum, de sagrado e de profano, compartilhada pelos membros da reação ao Iluminismo, de Comte e Tocqueville em diante, encontrou outro pensador importante no berlinense Georg Simmel. Ele comungava da idéia de Durkheim de que o comportamento religioso não está presente apenas em assuntos religiosos, mas também, por exemplo, no amor de um filho por seus pais, no de um patriota por seu país (o que, podemos concluir, abarca a devoção dos camicases por Hiroíto, por exemplo) ou no de um cosmopolita pela humanidade inteira – "naturezas religiosas sem uma religião". Simmel acreditava que, sem esse sentimento, a sociedade tal como a conhecemos nem mesmo conseguiria existir, pois a fé num indivíduo ou na coletividade é um dos mais poderosos fatores de coesão social. Simmel sintetizava esse sentimento na palavra "piedade", cujo sentido abrange, qual o *rahamin* hebraico, justiça e bondade.

É razoável deduzir que, sendo os meios de comunicação importantes fatores de integração social, a sua análise em qualquer tempo revele algo semelhante ao que Durkheim observou nas estatísticas ao fim do século XIX. Em que pesem terem se passado 110 anos desde a publicação de *O suicídio*, uma das características apontadas para a taxa social de mortes voluntárias é justamente a sua regularidade – com viés de alta, para usarmos o jargão econômico. Além da ênfase no papel que a urbanização desempenha sobre o número de suicídios, seja diretamente, pela correspondência entre grandes cidades abastadas e grandes taxas, seja indiretamente, pelo aumento, nelas, da interação social que induz à decisão de se matar: há um ponto que me parece bastante relevante para o estabelecimento de uma relação entre a imprensa e o suicídio: é o seu próprio uso da palavra contágio.

Durkheim chegou a afirmar que "o suicídio é eminentemente contagioso" e que "não há dúvida que a idéia de suicídio se transmite por contágio", além de batizar um capítulo de *O suicídio* como "A imitação". Antes de dar nome às coisas, ele gostava de precisá-las o máximo possível, "fixar o uso das palavras", como dizia, pois sabia que não raro teria de separá-las de seu significado corriqueiro ou isolar uma de suas acepções – e não pretendia ser mal-interpretado pelos leitores. Portanto, quando se referiu a "contágio" ou "imitação", Durkheim não estava, é óbvio, sugerindo a existência de um vírus do suicídio ou que as pessoas se matem apenas para imitar as outras, mas que a psicologia individual é suscetível a influências exatamente por estar inserida num contexto social. O contágio é metafórico. Em outras palavras, indivíduos preenchem tendências.

Entre os exemplos franceses desse tipo de manifestação por ele arrolados estavam o caso de 15 inválidos que, em 1772, se enforcaram em curto espaço de tempo num mesmo gancho colocado num corredor escuro de um hospital (retirado o gancho, a mortandade cessou) e o dos sentinelas que sucessivamente estouraram os miolos com suas armas numa mesma guarita do acampamento militar de Boulogne (queimada a guarita, a mortandade cessou). Se o contágio ou a imitação se dá entre indivíduos sem parentesco, embora circunstancialmente próximos, haverá de se dar também entre indivíduos ligados pela hereditariedade.

Aqui, cabe repetir que Durkheim não estava a sugerir que exista um gene do suicídio. Ao contrário, o nexo sangüíneo é visto como acidental, secundário, até porque o *modus operandi* também tende a se repetir dentro das famílias, como no caso da família de Primo Levi (saltar de um terceiro andar), o que ridiculariza a tentação de se achar que o suposto gene suicida sugeriria até um método. O autor mencionava famílias nas quais se observavam sucessivos casos de suicídio e nas quais estes se reproduziam de forma quase idêntica, ora privilegiando o enforcamento, ora a queda de um lugar alto. "Em um caso citado com freqüência, a semelhança vai ainda mais longe: uma mesma arma serviu a uma família inteira, e com muitos anos de intervalo." No entanto, perguntava-se Durkheim: "Esses fatos não demonstrariam antes quanto é grande a influência contagiosa exercida sobre o espírito dos sobreviventes pelos suicídios que já ensangüentaram a história de sua família?"[12]

A fidelidade familiar às vezes não está nem no *modus operandi* nem na idade, e sim em alguma outra característica do suicídio. A atriz Margaux Hemingway, por exemplo, matou-se com uma superdose de barbitúricos aos 41 anos, em 2 de julho de 1996. Trinta e cinco anos antes, exatamente, a 2 de julho de 1961, seu avô, o escritor Ernest Hemingway, matou-se, a dias do seu 62º- aniversário, disparando sua espingarda de dois canos contra a cabeça. Outras três pessoas da família Hemingway cometeram suicídio – a irmã, o irmão e o pai de Ernest.

Se *O suicídio*, de Durkheim, é o livro canônico sobre tema tão candente no âmbito da sociologia, *O mito de Sísifo* é o seu similar na área da filosofia. O ponto de partida de Albert Camus foi a noção de "absurdo", que permeia todas as suas obras, ensaísticas e ficcionais, como o romance *O estrangeiro*, publicado no mesmo ano de *O mito de Sísifo* e da peça *Calígula* ("os três absurdos", segundo o autor). O "absurdo" camusiano se manifesta no homem que toma consciência da morte e percebe-se livre num universo indiferente. É o caso tanto do despótico imperador romano quanto de Meursault, o *pied-noir* que mata um árabe sem saber por quê. É o caso, ainda, do personagem da mitologia greco-romana que, por sua indiscrição, é condenado pelos deuses a rolar uma enorme pedra montanha acima para todo o sempre. Cada vez que chega ao topo, a pedra rola encosta abaixo e ele recomeça o trabalho. Tarefa que Sísifo executa de modo conformado.

Para Camus, Sísifo é o exemplo primordial porque o absurdo só se completa se o homem não fugir dele, matando-se. Ter consciência da própria mortalidade, do Outro, da ausência de normas sociais dadas *a priori*, de significados redentores e da inexistência de Deus joga o homem num mundo anômico, sem regras ou sentido. Sua liberdade, porém, não se reafirma nem pela dissipação hedonista nem pela recusa a vivê-lo – mas pela aceitação responsável do absurdo. Para fisgar o seu leitor sem desmerecer a complexidade do tema, Camus abriu *O mito de Sísifo* com aquele que é o mais famoso conjunto de frases sobre o suicídio:

> Só há um problema filosófico verdadeiramente sério: é o suicídio. Julgar se a vida merece ou não ser vivida é responder a uma questão fundamental da filosofia. O resto, se o mundo tem três dimensões, se o espírito tem nove ou doze categorias, vem depois. São apenas jogos; primeiro é necessário responder. E, se é verdade, tal como Nietzsche o quer, que um filósofo, para ser estimável, deve dar o exemplo, avalia-se a importância desta resposta, visto que ela vai preceder o gesto definitivo. São evidências sensíveis ao coração, mas é preciso aprofundá-las para as tornar claras ao espírito.[13]

Com essas palavras, Camus de certa forma concordava com Durkheim, que dedicou ao suicídio o melhor de seus esforços para estabelecer a sociologia como uma área autônoma do conhecimento.[14] Não existe, para ambos, assunto mais urgente. Quase meio século depois da publicação de *O suicídio*, então, Camus empreendeu a sua própria investigação sobre a morte voluntária, sempre tendo como referência os vínculos com o absurdo. Abordou o suicídio filosófico; viu em Don Juan o exemplo do homem absurdo; evocou Kirilov, de *Os possessos*, de Dostoievski, o personagem engenheiro que se mata proclamando: "Matar-me-ei para afirmar a minha insubordinação, a minha nova e terrível liberdade."

Por fim, o filósofo franco-argelino retornava ao personagem mitológico que batiza seu ensaio para, depois de admitir as razões do suicídio, numa reviravolta abrupta, sentir a necessidade de uma conclusão encorajadora: "A própria luta para atingir os píncaros basta para encher um coração de homem. É preciso imaginar Sísifo feliz." Aqui pode-se, mais uma vez, pensar em Durkheim, prescrevendo um objetivo externo ao homem para tornar a sua vida suportável. No entanto, numa polêmica[15] travada com Camus em 1955, por ocasião de uma reedição de *A peste*, Roland Barthes não perdoou-lhe a solução *deus ex machina*: "Assim como em *O mito de Sísifo*, do mesmo Camus, o ponto extremo da lucidez coincide com o ponto inicial da salvação da alma (terrestre)."

Antes de imaginar Sísifo feliz, porém, num capítulo intitulado "A liberdade absurda", Camus poeticamente antagonizou a integração ao mundo, mais até do que à sociedade, e a experiência absurda da solidão – combustível para idéias e atos suicidas. Ele disse, em outras palavras, que a fusão no coletivo vacina contra a morte voluntária e, aí, novamente, concordou com Durkheim.

> Se eu fosse árvore entre árvores, gato entre os animais, esta vida teria um sentido, ou melhor, este problema não o teria, porque eu faria parte deste mundo. *Seria* este mundo ao qual agora me oponho com toda a minha consciência e toda a minha exigência de familiaridade. Esta razão é tão irrisória que me opõe a toda a criação. Não posso negá-la com um risco da minha pena.[16]

A aceitação do absurdo fez de Camus um desconfiado até mesmo do termo "existencialista", sob o qual sempre foi colocado, junto sobretudo com seu ex-amigo Jean-Paul Sartre. A filosofia existencialista reteve esse nome porque defendia, de maneira diferente da tradição metafísica ocidental, que a existência precede a essência, ou seja, que o homem não nasce bom ou mau, mas apenas seus atos dão um sentido à sua existência. Embora tanto Sartre quanto Camus enfatizassem a responsabilidade decorrente dessa liberdade, o primeiro, até por seu credo comunista, enxergava um sentido na vida enquanto o segundo, que cedo desiludiu-se com os regimes autoritários de esquerda, não fazia fé em nenhuma transcendência. Daí o seu absurdismo ser uma radicalização do existencialismo.

Décadas depois, do outro lado do Atlântico, suas idéias podem ser entreouvidas em algumas declarações do cineasta Woody Allen, cujas comédias agridoces não ocultam um pesado pessimismo. No livro de entrevistas *Woody Allen on Woody Allen*, o cineasta declarou a Stig Björkman que os temas existenciais são "os únicos válidos de se lidar". Soa como "só há um problema filosófico verdadeiramente sério". Mais adiante, ainda comentando o filme *Crimes e pecados*,[17] Allen afirmou: "Eu penso que na melhor das hipóteses o Universo é indiferente. Na melhor! Hannah Arendt falou da banalidade do mal. O Universo é banal também. E por ser banal, é mau. Não é diabolicamente mau. É mau em sua banalidade."

Se Camus defendia a aceitação do absurdo, dois quase desconhecidos compatriotas seus pretenderam, num livro polêmico, ajudar o leitor a fugir desse enfrentamento. Em *Suicídio: modo de usar*, Claude Guillon e Yves Le Bonniec não se restringiram a discutir – e defender – o direito à morte voluntária; foram além, fornecendo uma lista de remédios comuns, disponíveis nas farmácias (inclusive as brasileiras, segundo as orientações do editor local),[18] e em quais dosagens eles garantiriam uma morte em paz. Reclamando um caráter revolucionário para o ato, os autores chegavam a recomendar esta ou aquela solução. O sonífero não-barbitúrico Mandrax, por exemplo, não era aconselhado mesmo se tomadas 20 cápsulas de 250 miligramas. Já o barbitúrico Nembutal era considerado confiável por ter um efeito rápido se consumidos 100 comprimidos de 100 miligramas. Bem francesamente, defensores da racionalidade (do suicídio) e da individualidade (do suicida), eles rechaçavam a idéia de uma imitação social.

Para Guillon e Le Bonniec, a idéia do contágio é "simples, tranqüilizante", porque preenche a falta de um raciocínio científico capaz de descrever ou, ainda menos, de explicar a doença. Segundo eles, "a medicina, até hoje, sabe muito pouca coisa dos mecanismos que, por comodismo, reunem num mesmo conceito de contágio". Doenças temíveis como a sífilis, por exemplo, não se transmitem de maneira automática. "O 'portador sadio' veicula o vírus, transmite-o eventualmente, sem sofrer nenhuma perturbação", acusaram os autores.[19]

Guillon e Le Bonniec, note-se, escreviam antes da explosão da Aids. Depois dela, para explicar o comportamento anômalo do vírus HIV, a medicina mais uma vez recorreu à idéia do "portador sadio", pela qual a doença só seria despertada se ele não fizesse tratamento preventivo ou se mantivesse "comportamentos de risco", como sexo desprotegido, vida sexual promíscua ou seringas compartilhadas. Com a navalha entre os dentes, o soropositivo Cazuza cantou "o meu prazer/ agora é risco de vida/ meu sex and drugs não tem nenhum rock'n'roll/ vou pagar a conta do analista/ pra nunca mais ter que saber quem sou eu" na música "Ideologia". Protestava de forma irônica contra uma ciência que se comportava quase como se o problema com o HIV não fosse a sua existência e a sua letalidade, mas a moral do portador. Esse teria uma cota de risco; se a ultrapassasse, estaria morto.

Um casal em Londres:
relações perigosas entre jornais e morte voluntária

A 18 de abril de 1732, Richard e Bridget Smith se mataram em Londres. Antes de se enforcarem em seus alojamentos, o pai matou o filho de dois anos com um tiro na cabeça. As primeiras histórias a circular faziam de Richard o assassino também de sua esposa.[1] Ele estaria sendo pressionado por uma parenta dela, de quem tomara dinheiro emprestado. No noticiário, a culpa pela tragédia era apontada muito mais para a falta de sensibilidade dessa personagem misteriosa do que para as furiosas paixões do marido. A imprensa popular inglesa da época – como, aliás, qualquer imprensa popular de qualquer período subseqüente – era particularmente simpática aos devedores, seus leitores potenciais. Afinal, havia cada vez mais devedores naquela época de anomia, capitalismo iniciante, crescimento urbano desordenado e decomposição das solidariedades tradicionais.

Richard e Bridget, contudo, deixaram três bilhetes de despedida, um para o seu senhorio e dois para um familiar de nome Brindley. Liberados por esse último para a imprensa, uma semana depois da morte do casal e do filho, eles lançaram novas luzes sobre o episódio, dividindo a responsabilidade entre marido e mulher, destacando a face humana, demasiado humana do seu gesto. O bilhete endereçado ao senhorio pedia-lhe que pagasse algumas contas pendentes e que arrumasse um novo lar para o cão e para o velho gato da família. Eles haviam deixado um pouco de dinheiro e alguns bens especificamente com esse propósito. O segundo bilhete, dirigido ao próprio parente, acusava uma pessoa não identificada, provavelmente um credor, pela desgraça da família Smith. O terceiro, também dirigido a Brindley, fazia uma longa defesa filosófica da morte voluntária. O conjunto era espetacular. Tanto que o *Country Journal*, por exemplo, publicou toda a história como uma espécie de conto epistolar, pouca informação acrescentando além da já presente nos três bilhetes. "Nós escolhemos dá-las genuínas ao leitor e deixar a ele fazer suas reflexões sobre cena tão chocante", justificou seu editor.

Em *Sleepless Souls: Suicide in Early Modern England*, um estudo sobre as mudanças de mentalidade, da hostilidade à tolerância, e vice-versa, em relação à morte voluntária entre 1500 e 1800, dois historiadores norte-americanos, Michael MacDonald e Terence R. Murphy, destacaram quanto o caso dos Smith (sobrenome tão comum na Inglaterra quanto Silva no Brasil) fez pela humanização da figura do suicida. As pessoas que emergiam de seus bilhetes de despedida não eram nem loucas nem muito menos endemoniadas, como queriam as visões ortodoxas, tanto seculares quanto religiosas, vigentes até o século XVIII. Para a crescente imprensa inglesa do período, a história dos Smith era uma daquelas que hoje em dia, nas redações, diz-se que "é boa demais para ser verdade". Mas era. Segundo MacDonald e Murphy, os Smith neutralizaram as grosseiras simplificações das histórias criminais tal como eram mostradas na imprensa. Graças a suas cartas, Richard e Bridget voltaram à vida, e voltaram em grande estilo, como seres humanos, isto é, como seres complexos e contraditórios.

> Eles eram trabalhadores e honestos, mas amargurados contra o sistema e as pessoas que haviam punido sua labuta com pobreza e degradação. Capazes de estourar os miolos de seu filho, eles mostraram ternas preocupações pelos seus cão e gato.[2]

Segundo o relato do *Fog's Weekly Journal*, porém, eles também demonstraram comoventes cuidados um pelo outro. Entre os corpos pendurados do marido e da mulher teria sido encontrada uma cortina suspensa, detalhe interpretado como "supostamente para impedir a visão um do outro quando sob as agonias da morte". Já o redator do *Historical Register* fez um significativo elogio fúnebre de Richard e Bridget ao escrever: "Eles foram, talvez, o mais carinhoso casal a ser encontrado nas *Bills of Mortality*", as listagens de mortos publicadas pelos jornais. Mesmo aqueles menos simpáticos ao suicídio fizeram questão de ressaltar que os Smith eram tidos pelos vizinhos como honestos, trabalhadores e carinhosos, tamanha a simpatia despertada por eles na consciência de seus contemporâneos.

Livros e impressos parecem envolver toda a história do casal Smith. Richard era encadernador. Pouco antes da sua morte, havia sido publicada, não sem escândalo, uma apologia do suicídio escrita por Alberto Radicati, conde de Passerano, exilado em Londres. À *Philosophical Dissertation upon*

Death podia faltar sutileza filosófica ou originalidade, mas não paixão na defesa da morte voluntária. Radicati era um epicurista. Os epicuristas buscavam atingir a indiferença diante da morte, a ponto mesmo de buscá-la se a natureza, tida como benévola, não mais lhes proporcionasse qualquer pequeno prazer. Dada a profissão de Richard e o apego da família pelos livros, o nobre italiano foi acusado de influenciar a drástica decisão dos Smith.

No terceiro e mais filosófico de seus bilhetes de despedida, os Smith tentavam justificar seu suicídio e o assassinato de seu filho apelando não tanto ao desespero, mas à razão. Eles chegavam a dizer que sua fé em Deus não era propriamente fé e sim uma crença racional, "deduzida da natureza e da razão das coisas". Assim sendo, diante da harmonia universal vislumbrada para além da morte, acreditaram que seriam julgados com misericórdia pela bondade divina, posto que não anteviam nada mais, exceto degradação, diante de si e de seu bebê. Sua defesa da morte voluntária – cuja seriedade era certificada pelo próprio suicídio – circulou por jornais não apenas de Londres e da Inglaterra, mas de toda a Europa.

Para Minois, o desenvolvimento do capitalismo era um fator importante na alta taxa de suicídios verificada naquele período. Isso porque, "fundado sobre o individualismo, o risco, a concorrência, as apostas arriscadas", o sistema econômico gerava instabilidade e insegurança, negando às pessoas a solidariedade outrora proporcionada pelas guildas medievais. Se a imprensa noticiava suicídios causados pelos suspeitos habituais (desilusão amorosa, problemas conjugais, dramas familiares, lutos, doenças terríveis, estupros etc.), tais casos possivelmente eram multiplicados pelo "começo de afrouxamento dos laços familiares, os primeiros sintomas da moderna desintegração das grandes famílias".[3]

Os Smith eram, no final das contas, expressões individuais de um fenômeno coletivo. Daí a simpatia carreada: os leitores sentiam-na por si próprios. Em *O suicídio*, no mesmo parágrafo em que admitiu que "talvez não haja nenhum fenômeno mais facilmente contagioso", Durkheim tentou distinguir entre epidemias morais e contágios morais nos seguintes termos, algo tortuosos: "A epidemia é um fato social, produto de causas sociais; o contágio sempre consiste de ricochetes, mais ou menos repetidos, de fatos individuais."

* * *

O sociólogo francês trabalhou com base em tabelas de dados da contabilidade social. Assim, ele pensava na distribuição espacial dos casos de suicídio quando escreveu que "não pode haver imitação se não há um modelo a ser imitado; não há contágio sem um foco do qual emane e no qual, por conseguinte, ele tenha seu máximo de intensidade". No entanto, se a idéia de contágio pode ser tomada de empréstimo da medicina, as suas palavras também podem ser tomadas como metáfora, incluindo-se, entre os "centros de irradiação", os jornais.

Durkheim acreditava que o contágio no interior da sociedade – sobretudo sua parcela mais comprimida em grandes aglomerações populacionais, justamente aquelas em que seus cruzamentos de dados indicaram a maior incidência de suicídios – poderia se dar ou pelo boca-a-boca ou pelos jornais. Antes de mencionar esta questão, porém, ele buscou, mais uma vez, isentar a imitação *per se* da acusação de ser a causa isolada de certo número de suicídios. Ele trabalhava com a noção de tendência. Porque, destacou, um indivíduo não se decide pela morte voluntária se já não for predisposto a ela. "O mesmo se pode dizer dos fatos de contágio tão freqüentemente observados no exército ou nas prisões", escreveu.

Para ele, portanto, como a tendência ao suicídio poderia ser criada pelo meio social, seria baseando-se em indivíduos já propensos a se matar que a imprensa agiria. Embora tenha registrado a freqüente responsabilidade dos jornais, por eles serem, de fato, "um poderoso instrumento de difusão", e tenha admitido que o problema mereça "alguma atenção", Durkheim se julgou incapaz de constatar na prática tal correlação. Mencionou, sem nomeá-los, alguns autores que pediram a proibição da publicação de notícias de suicídios e crimes pelos jornais. Concedeu que isso poderia diminuir em alguns casos o montante anual, mas duvidou que a taxa social fosse modificada. Para ele, a propensão coletiva permaneceria intensa, pois "a moral dos grupos nem por isso se modificaria".

Uma hipótese levantada por Durkheim é particularmente sagaz. Para o sociólogo, o aumento dos casos de suicídio ou de assassinato não se daria por se falar nele, simplesmente, e sim pela maneira usada para se falar nele. Se tais práticas despertassem abominação, esse sentimento seria passado pelos relatos, que neutralizariam mais do que excitariam predisposições individuais.[4] A hipótese é compatível com a de Teun A. van Dijk sobre a veiculação, nos textos jornalísticos, de conceituações ou proposições inferidas do senso comum.[5] Ou seja, não só os temas abordados ou descartados, mas também a linguagem utilizada pela imprensa reflete, pelo fortalecimento das normas, a compreensão que a sociedade na qual ela se insere ou a fatia de público ao qual ela se dirige tem do assunto.

Há momentos excepcionais, porém, em que a imprensa pode elevar, ou ao menos acelerar, a taxa social de suicídios numa determinada comunidade, contribuindo para o clima geral de anomia. Mesmo nesses casos, não criaria suicidas, apenas excitaria indivíduos por suas próprias razões já propensos a se matar.

Uma reportagem que Tad Friend publicou na revista *New Yorker* de 13 de outubro de 2003, sobre as pessoas que pulam da Golden Gate, entre São Francisco e o condado de Marin, na Califórnia, foi reveladora. A ponte se tornou um dos principais pontos turísticos dos EUA e um verdadeiro ímã para suicidas, atraídos pelo simbolismo que marca um final de mundo/começo de outro. Apesar disso, relatou Friend, há uma estranha recusa das autoridades locais de instalarem telas de proteção no ponto em que as pessoas se jogam. Em outros lugares que funcionavam como trampolins para a morte – do Empire State Building, em Nova York, à Basílica de São Pedro, no Vaticano – foram instadas barreiras. Na Golden Gate, não. Com a desculpa oficial de que uma tela descaracterizaria a sua arquitetura.

Em *...Or not to be: A Collection of Suicide Notes*, Mark Etkind preencheu boa parte de um capítulo, dedicado aos suicídios cometidos em público, com bilhetes deixados por gente que pulou da Golden Gate. Um deles destaca de forma dramática a omissão das autoridades locais diante do problema. Deixada por um homem de 70 anos que ali se matou, a nota pergunta: "Por que eles facilitam tanto o suicídio? Arame farpado teria salvado um bocado de vidas."

A Golden Gate parece exercer atração mórbida mesmo bem distante da baía de São Francisco. Em 1977, durante uma manifestação a favor da instalação de barreiras antisuicídio, falando a seus fiéis, um pastor descreveu a ponte como "um símbolo humano de ingenuidade, gênio tecnológico e fracasso social". Apenas por estar ali, ele disse, já se sentia tentado ao suicídio. Seu nome era Jim Jones. Em novembro do ano seguinte, ele lideraria o suicídio de outras 912 pessoas na colônia da seita Templo do Povo em Jonestown, "um paraíso cristão-marxista", na Guiana. Seus acólitos tomaram um coquetel de refresco e cianureto. Ele matou-se com um tiro no rosto. Temia o desbaratamento da seita depois que seus capangas mataram um deputado norte-americano que fora até Jonestown investigar denúncias de abusos sexuais e escravidão.

Friend, em sua reportagem, falava de Marissa Imrie,[6] uma adolescente estudiosa de 14 anos que, em 17 de dezembro de 2001, saiu de Santa Rosa (quase 100 quilômetros ao norte) de táxi (numa corrida de US$150) para, da ponte, pular nas águas geladas e cheias de correntes da baía de São Francisco, 67 metros e quatro segundos abaixo. Quando, depois do salto de Marissa, Renée Milligan examinou o computador de sua filha, descobriu que ela andara visitando um site com dicas para aqueles que desejavam se matar, com base no best-seller *Suicide and Attempted Suicide: Methods and Consequences*, de Geo Stone.[7]

O site desaconselhava tomar veneno (fatal em apenas 15% dos casos) e cortar os pulsos (meros 5% de eficácia) e recomendava pular de pontes ("saltar de mais de 80 metros sobre a água é quase sempre fatal"). Nele, Rennée encontrou a seguinte frase: "A ponte Golden Gate é para os suicidas o que as cataratas do Niágara são para as pessoas em lua-de-mel." Em nome de Marissa, Renée entrou com uma ação contra a repartição pública que cuida da Golden Gate e os administradores da ponte, pedindo a construção de uma barreira. É pouco provável que tenha sucesso. Anteriormente, três ações similares foram rejeitadas.

Nesse contexto, segundo Friend, conforme a contagem de saltadores se aproximava do número 500, em 1973, os jornais locais *San Francisco Chronicle* e *San Francisco Examiner* iniciaram uma contagem regressiva. Catorze aspirantes ao título foram impedidos de saltar para a morte no oceano Pacífico pela polícia. Um deles, bem pouco discreto, trazia pendurado no pescoço um papelão com o número 500 escrito a giz. O "vencedor" do macabro torneio, que de maneira irônica escapou do registro das câmeras e dos braços dos policiais, foi um hippie que havia tomado LSD. Em seu bilhete de despedida, coletado por Etkind, ele pedia: "Não avisem minha mãe. Ela é cardíaca."

Em 1995, o placar já se aproximava de mil mortes quando um locutor de rádio de São Francisco chegou a anunciar que mandaria um carregamento de refrigerantes para a família do milésimo suicida. Em junho daquele ano, a fim de tentar inibir a corrida à ponte, a polícia rodoviária da Califórnia parou de contabilizar os mortos quando eles já somavam 997. No começo de julho, Eric Atinkson, de 25 anos, tornou-se não-oficialmente o milésimo suicida. Foi visto pulando, mas seu corpo nunca foi achado. Apenas 1% dos saltadores sobreviveu, e com tamanhas seqüelas físicas que tornam a morte uma opção mais razoável que a vida.

> Ken Holmes, o *coroner*[8] do condado de Marin, contou-me: "Quando o número se aproximou dos 850, nós fomos aos jornais locais e dissemos 'Vocês *têm* de parar de dar números'." Durante a última década, os Centros para Controle e Prevenção de Doença e a Associação Americana de Suicidologia divulgaram recomendações apelando à mídia para ela minimizar os suicídios. A mídia da área da baía de São Francisco agora noticia saltos da ponte em geral apenas se eles envolvem uma celebridade[9] ou se congestionam o trânsito. "Nós os desacostumamos", disse Holmes. Mas ele acrescentou, "a falta de publicidade de modo algum reduziu o número de suicídios".[10]

Uma constante observada por Durkheim em seu estudo, por sinal, foi a de que todas as taxas de suicídio sobem de forma lenta mas regular. A Golden Gate foi inaugurada em 1937. Passaram-se três meses até que a primeira pessoa saltasse.[11] Passaram-se 36 anos até que o número de suicídios chegasse a 500, em 1973. Passaram-se apenas 22 anos, no entanto, até que o número de suicídios chegasse a mil, em 1995.[12] Ressaltada a inexistência de correlação direta (pois pessoas de outras partes dos EUA foram saltar da ponte), a população de São Francisco experimentou um crescimento bem mais suave no mesmo período: eram 634 mil habitantes em 1940, 715 mil habitantes em 1970 e 776 mil em 2000, segundo os dados oficiais do Censo norte-americano.

A relação da imprensa com os suicídios, claro, precede em muito a construção da Golden Gate. De certa forma remonta à própria invenção da tipografia por Johannes Gutenberg, provavelmente em Estrasburgo, hoje na França, por volta de 1440.[13] Embora o alemão logo tenha posto os seus tipos móveis de metal a serviço da fé, imprimindo suas famosas 180 Bíblias de 42 linhas compostas por página, involuntariamente também abriu caminho para a publicação de livros que fizeram circular as visões greco-romanas sobre, entre outras coisas, a morte voluntária – sem falar na publicação de jornais, que um dia ampliariam o boca-a-boca da comunidade, relatando casos de suicídios.

As visões clássicas eram bem distintas daquelas que, após a conversão do Império Romano ao cristianismo, no início do século IV, haviam sido progressivamente fixadas pela Igreja em obras como, por exemplo, a *Cidade de Deus*, de santo Agostinho (354-430), finalizado em 426, e a *Suma teológica*, de são Tomás de Aquino (1225-74), finalizada em 1273. Os escolásticos buscavam, ao conciliar fé e razão, interpretar a ambigüidade do quinto mandamento da lei mosaica, que diz "não matarás", mas não "não matarás nem a si mesmo".

Para santo Agostinho, formulador da doutrina rigorista que se tornaria a oficial da Igreja Católica, os que eram culpados de sua morte não teriam acesso à vida eterna. Para são Tomás de Aquino, o suicídio era proibido por três razões lógicas e complementares: como um atentado contra a natureza e a caridade, pois contradiz a inclinação natural à vida e ao amor-próprio; como um atentado contra a sociedade, porque temos um papel a desempenhar dentro de nossa comunidade; e, por fim, como um atentado contra Deus, proprietário de nossa vida. A comparação usada é reveladora: "Aquele que se priva da vida peca contra Deus da mesma maneira que aquele que mata um escravo peca contra o proprietário do escravo."

Em paralelo às formulações teóricas dos santos filósofos, tomavam-se medidas práticas, por meio do direito canônico, na tentativa de inibir aquilo que até os anos 1700 era conhecido não por suicídio e sim por "assassinato de si mesmo". Na Inglaterra, o Concílio de Hartford proibiu funerais cristãos aos suicidas no século VII. No final do século X, o pio rei Edgar (959-75), principal patrocinador de importante reforma monástica, confirmou essa disposição. Do outro lado do canal da Mancha, na França, embora a proibição do enterro de corpos de suicidas nos campos santos remonte ao século anterior, a primeira prova escrita dela só aparece no Sínodo de Nîmes, em 1284, que recusava a inumação religiosa aos excomungados, aos hereges e àqueles que se matavam, sem nenhuma exceção, a menos que o morto tenha dado algum sinal de se arrepender *in extremis*.

A penitência exerce um papel fundamental também na prevenção do suicídio na Idade Média. Segundo o senso comum, alimentado pela Igreja, havia apenas duas explicações para uma pessoa desejar a própria morte a ponto de ir ao seu encontro — loucura ou possessão. No primeiro caso, não havia muito a fazer, exceto, por vezes, absolver o infeliz ou eximir sua família de qualquer culpa. No segundo caso, porém, o suicida desprezava o poder conferido à Igreja de, pela prescrição de uma penitência, fazer cessar seu desespero. Ao agir assim, colocava em xeque a própria autoridade eclesiástica. Só podia estar tomado pelo diabo. Suicídios por simples desgosto da vida eram considerados loucura. "O homem medieval não imagina que se possa pôr em dúvida a própria bondade da existência", espantou-se Minois. A Idade Média ignorava aquilo que, no século XVIII, seria chamado de "suicídio filosófico". A cogitação da morte sem motivo particular era considerada, em si, sintoma de "melancolia", termo de origem grega que significava "humor negro" e designava um excesso de bile negra suscitando idéias mórbidas.[14]

Moacyr Scliar, em *Saturno nos trópicos: a melancolia européia chega ao Brasil*, historiou também a chegada da Peste Negra à Europa e suas conseqüências no estado de espírito do continente. Em 1347 ou 1348, uma frota genovesa aportou em Messina, na Sicília, trazendo inadvertidamente o bacilo do Oriente. Dali em diante, a doença ceifaria um terço da população ocidental. A Europa, assim, se conscientizou da fragilidade e da finitude da humanidade no mesmo momento em que a Renascença inflava a esperança no conhecimento. Estabeleceu-se, por conta dessa simultaneidade, um distúrbio bipolar continental. Até 1621, Londres, uma de suas cidades mais importantes, esteve livre da peste apenas por 12 anos. Foi naquele 1621, aliás, que surgiu *A anatomia da melancolia*, de Robert Burton, maior expressão literária da metade vazia desse copo.

Antes ainda, em 1610, o poeta John Donne havia escrito *Biothanatos: A Declaration of that Paradoxe, or Thesis, that Self-Homicide is not so Naturally Sinne, that It May Never be Otherwise*, de título auto-explicativo.* O livro, porém, só foi impresso em 1647, 16 anos após a sua morte, por razões pragmáticas. Donne não era apenas um poeta, também era capelão anglicano da corte da Inglaterra, doutor em teologia por Cambridge e professor na maior escola de direito da Londres da época, a Lincoln's Inn. Enquanto viveu, esteve consciente do gesto audacioso, ainda mais para alguém de sua posição. Fez o livro circular em pouquíssimas cópias e apenas entre amigos e discípulos. Para um deles escreveu a prudente dedicatória: "Escrito por Jack Donne e não pelo doutor Donne." Jack inocentava o suicídio de pecado, batendo de frente com, por exemplo, são Tomás de Aquino. Para este Mister Hyde do doutor Donne, era até possível encarar a morte voluntária como conseqüência natural da tristeza.[15]

Tal defesa só pôde ser formulada por conta de uma circulação de idéias inédita na Idade Média. Graças a Gutenberg, grupos cada vez mais numerosos de leitores – mais numerosos seja pelas tiragens crescentes dos livros, seja pela melhoria na educação, seja, logo em seguida, pelo aumento da circulação de jornais – tiveram à disposição textos que escapavam da ortodoxia das elites medievais. As obras não

* Biothanatos: uma declaração sobre o paradoxo, ou tese, de que o auto-homicídio não é tão pecado natural, e que talvez nunca tenha sido diferente.

ficavam mais limitadas aos clérigos ou aos cavaleiros, cultores, respectivamente, dos textos sagrados em latim e das canções de gesta. Graças à tipografia, a cultura escrita se abriu também à pequena nobreza e à nascente burguesia, influenciando e refletindo os sentimentos de camadas mais amplas da população.

Nomes como Pitágoras, Diógenes, Demócrito, Sócrates, Catão, Lucrécia, Brutus, Sêneca, Antônio e Cleópatra, entre inúmeros outros, que se mataram por sentimentos tão distintos quanto patriotismo e remorso, honra ultrajada e indiferença, amor e razão, voltaram a circular envoltos em admiração – e não mais no pavor e no ódio devotados aos suicidas na Idade Média. Surgiram até dicionários biográficos de suicidas célebres.[16] Bastante notável foi o de Ravisius Textor, cujo *Officina*, publicado em Paris no ano de 1520, coletou 150 casos clássicos e, não contente de os relatar, com freqüência os elogiou. No entanto, a intenção de livros como esse provavelmente não era a de sabotar a moral cristã e sim, apenas, louvar gestos encarados como heróicos num tempo em que também o individualismo renascentista se inseria no distúrbio bipolar desencadeado pela Peste Negra.

Um dos suicídios clássicos, em particular, despertava profunda admiração nesses livros e em quem quer que tratasse do assunto: o do romano Marcius Porcius Cato (95-46 a.C.), dito Catão, o Jovem, para diferenciá-lo do bisavô Catão, o Censor, autor da célebre frase "*Delenda Cartago*" (Cartago deve ser destruída). Marcius Porcius desenvolveu brilhante carreira política e militar, tendo travado combate, por exemplo, contra os gladiadores insurretos de Espártaco. Adepto fervoroso da República romana, opôs-se quanto pôde ao triunvirato formado por Crasso, César e Pompeu. Quando a guerra civil eclodiu entre os dois últimos, aliou-se a Pompeu. Ao ver sua cidade, Útica, cercada por César, Catão cometeu suicídio. Nesse ponto, as versões divergem. Ou ele se matou para não cair prisioneiro, enfiando a espada no peito e tratando de rasgar o ferimento e as entranhas com as próprias mãos quando viu que demorava a morrer. Ou ele foi feito prisioneiro e se matou depois que soube da morte de Pompeu e de ter relido o diálogo *Phedon*, de Platão – o que simboliza o perigoso poder dos livros. Seja como for, sua férrea determinação de preservar a honra foi louvada por contemporâneos e, graças à tipografia, pósteros. Aliás, num "efeito Werther" *avant la lettre*, seu sobrinho-genro Brutus e sua filha Pórcia também se mataram,[17] quatro anos depois de sua morte.

Catão era um estóico, isto é, um seguidor do estoicismo do filósofo grego Zenão de Cício, que se matou aos 98 anos, depois de um episódio emblemático. Saindo de sua escola, o ancião caiu e quebrou um dedo. Sacudindo a terra da mão, ele recitou um verso de Níobe ("Eu vou. Por que me chamas?"), e se enforcou de imediato. Episódio emblemático porque o estoicismo propunha uma ética da indiferença diante das próprias paixões ou diante do destino. A decisão entre viver ou morrer, assim, era posta na conta da liberdade do homem racional, que bem poderia concluir ser o suicídio a melhor solução para a impossibilidade de manter uma linha de conduta preestabelecida ou mesmo para a necessidade de se conformar à ordem das coisas.

A história de Catão se manteve, ao menos até o século XVIII, como um verdadeiro campo de batalha entre os críticos e os simpatizantes – se é que esta palavra se aplica – da morte voluntária. Entre esses, com freqüência, apenas os suicídios clássicos eram tolerados com a argumentação de que, sendo pagãos, os antigos não poderiam ser condenados por desobedecerem à quinta lei mosaica, que desconheciam. Os catecismos dos séculos XVII e XVIII, aliás, passaram a especificar que o "não matarás" se aplicava também a si mesmo.[18] Em 1597, por exemplo, o moralista católico François Le Poulchre reprovou a atitude de Catão afirmando que "a verdadeira força é a de conter em si mesmo, pelo julgamento da razão, a cupidez, purgando sua alma de paixões reprováveis", enquanto o poeta Chassignet viu no romano o símbolo do suicídio honroso. Em 1709, Jonathan Swift, autor de *As viagens de Gulliver*, escreveu um poema no qual via uma reunião de notáveis da Antigüidade, na qual Catão era louvado de forma veemente por Cícero. Quatro anos depois, Joseph Addison escreveu uma peça de grande sucesso de público e de crítica, *Cato*, na qual o suicídio do estóico era descrito como sendo de uma nobreza insuperável. Consta que Alexander Pope chorou ao assisti-la.

MacDonald e Murphy não deixaram de notar que o suicídio de Catão de vez em quando foi usado para justificar atos modernos. David Hume[19] disse isso de maneira clara e radical: "Em todos os casos, cristãos e pagãos estão precisamente na mesma senda: Catão e Brutus, Arria e Pórcia agiram heroicamente; aqueles que agora imitam seus exemplos devem receber os mesmos elogios da posteridade." Em 1737, o poetastro Eustace Budgell atirou-se ao Tâmisa, deixando um par incompleto de versos para justificar seu gesto: "O que Catão fez e Addison aprovou/ Não pode estar errado."[20]

Em Roma, herdeira do pensamento grego, a simpatia pelo suicídio desenvolveu-se até tornar-se a mais alta entre todas as civilizações ocidentais até hoje. Excetuando-se a interdição econômica aos soldados e escravos, há apenas uma menção, feita por Plínio, o Velho, a uma proibição legal à morte voluntária, a de que deveriam ser crucificados aqueles que se suicidassem para protestar contra a tirania de Tarquínio, o Soberbo, último rei de Roma (534-509 a.C.). A idéia era evitar que os mortos se vingassem dele. Pregados à cruz num lugar afastado, os pássaros os devoravam e, assim, atraíam para eles mesmos qualquer energia negativa.

Nisso, Roma não se diferenciava nem da Grécia, nem da África, nem da Europa medieval. Como escreveu Minois, parece haver "um fundo comum de temor supersticioso em relação a um ato fora do comum e, portanto, sobrenatural". Na Grécia, a despeito da celeuma filosófica sobre o ato em si, na prática cortava-se a mão direita do suicida de modo a evitar que ele cometesse crimes. Já os bangandas, da África central, queimavam o corpo do suicida junto com a árvore utilizada para o enforcamento. Quando as mulheres passavam perto das cinzas, se recobriam a fim de evitar que o espírito do morto as penetrasse e assim renascesse.

Na Europa, os corpos dos suicidas eram vilipendiados de variadas maneiras. Poderiam ser desmembrados, pendurados ou jogados num rio dentro de um tonel. A Lei de Beaumont, do século XIV, ordenava que o cadáver fosse arrastado "o mais cruelmente que se possa, para mostrar a experiência aos outros" – e as próprias pedras sobre as quais ele foi arrastado deveriam ser arrancadas. O direito medieval claramente assimilara superstições mais antigas em torno do suicida.

O corpo era brutalizado para servir de exemplo aos outros membros da comunidade ou para impedir que ele mesmo, ou o espírito que o empolgara em vida, voltasse à Terra para atazanar os vivos. No primeiro caso, é evidente o caráter exemplar da medida. Havia a tentativa de evitar que o ato se repetisse na sociedade (em particular na família do suicida, obrigada a assistir à desonra pública de seu corpo) – que o suicídio a contagiasse. No segundo caso, impedir o retorno do morto seria tanto a expressão de um temor literal, expresso por um zumbi cometendo atrocidades, quanto de um temor figurado, o de que ele voltasse à vida no corpo de outros – ou seja, mais uma vez, que o suicídio contagiasse a sociedade.

A concentração do objeto livro na mão de clérigos e nobres – e com freqüência ambas as classes se reuniam numa mesma pessoa – significava, no que tange à morte voluntária, um duplo movimento. Por um lado, o martírio voluntário, conceito dos primórdios da cristandade ressuscitado pelas Cruzadas (empreendidas entre os séculos XI e XIII), era considerado diferente do suicídio e, assim sendo, louvado. Por outro, dificilmente o nobre precisaria se matar se assim o desejasse. Ele estava sempre envolvido em guerras que ao mesmo tempo davam vazão às suas pulsões suicidas e as protegiam delas. Suicídios de religiosos e de nobres, portanto, tinham tratamento discreto, quando não heróico. Se, porém, um homem do povo ou um burguês ousasse se matar, fugindo de suas obrigações para com Deus ou para com seu senhor terreno, ai dele.

Em paralelo à condenação religiosa do suicida, introduziu-se nas leis seculares francesas desde 1205 a figura do confisco, em proporções variáveis, dos bens móveis e imóveis do morto, de sua esposa e de sua família, em benefício do barão local. Em algumas províncias, como Maine e D'Anjou, a casa do morto tinha ainda a fachada demolida,[21] seu terreno era queimado e suas vinhas e árvores eram cortadas à altura de um homem. Nesse mundo prestes a ser revolucionado pela invenção de Gutenberg, havia a preocupação de enquadrar o seu habitante. Autoridades civis e religiosas se uniam no combate ao suicídio, em medidas dissuasivas complementares, como registrou Minois: confisco de bens e danação eterna. Para ele, "nos dois domínios, a proibição do suicídio acompanhava o recuo da liberdade humana" porque ao homem era negado o direito de dispor de sua própria vida. Quem mandava nele eram a Igreja, cujo poder emanava do número de fiéis, e os senhores, cujo poder emanava da quantidade de mão-de-obra e de homens em armas.[22]

A moral censitária resultou na criação, pela casta militar e religiosa medieval, de uma distinção que antecipa, em outros termos, aquela que Durkheim iria fazer entre suicídio egoísta e altruísta. O morto que se mata por suas próprias razões, dívidas ou adultério seria entregue ao fogo dos infernos. Era condenado tanto pela lei de Deus quanto pela lei dos (gentis) homens. Estava duplamente distanciado da sociedade na qual vivia. Era um egoísta – e seu exemplo deveria ser desinfetado e, se possível, banido. Já o morto que se matava em nome da fé cristã ou dos ideais da cavalaria seria admitido no reino dos céus. Era absolvido por ter buscado a morte em nome de algo que não ele mesmo. Estava perfeitamente inserido na sua comunidade. Era um altruísta – e seu exemplo merecia ser divulgado.

A ideologia medieval, como tantas outras, antes e depois, igualava o interesse da elite ao do conjunto da população. No processo, criava suicidas de primeira e de segunda classe. Nós, tão distantes da Idade Média quanto o homem medieval estava do Império Romano, de certa forma reproduzimos o mesmo tipo de distinção de classe. O comportamento da imprensa na área da baía de São Francisco em relação aos que pulam da Golden Gate – silêncio, a não ser que o morto seja uma celebridade ou que seu gesto tumultue o trânsito – sugere que certas mortes voluntárias são tacitamente permitidas pelo status ou, ao menos, dignas de serem notadas pelo transtorno que causam aos concidadãos do suicida. Os jornais da área da baía de Guanabara não agem de modo diferente.

O *Manual de redação e texto jornalístico de O Dia*, por exemplo, afirma que o jornal "não publica suicídios", exceto em situações especiais, "pela notoriedade dos envolvidos ou pelo interesse público das razões que o levaram ao ato". O *Manual* exemplifica como noticiáveis os suicídios do ex-técnico da seleção de vôlei Inaldo Manta, de um aluno do Colégio Militar que não resistiu a uma humilhação pública e "do banqueiro que se matou em um quarto de hotel ao ver descoberto o desfalque que praticara".[23]

Não é preciso estar à beira-mar para adotar tal procedimento. O *Manual da Redação da Folha de S. Paulo* é sucinto às raias da ambigüidade em sua seção "Padronização e estilo": "Não omita o suicídio quando ele for a causa da morte de alguém." A morte de alguém além do suicida, depreende-se. Tal recomendação é consistente com a posição pessoal do seu diretor de redação, Otavio Frias Filho. No livro *Queda livre: ensaios de risco*, ele se propôs a enfrentar "os círculos do inferno pessoal" em sete ensaios-reportagens, um deles sobre seu trabalho anônimo e voluntário, durante cerca de um ano, num dos postos de atendimento do Centro de Valorização da Vida (CVV), em São Paulo.

O CVV se inspira numa idéia implantada em Londres por um reverendo anglicano, Chad Varah. Psicólogo por formação, ele leu num jornal que em média três pessoas se suicidavam por dia na capital inglesa. Lembrou-se, de imediato, que seu primeiro trabalho como sacerdote, em 1936, se dera no funeral de uma suicida de 14 anos, que se apavorara, temendo uma doença venérea, ao ver o sangue da sua primeira menstruação. Pouco depois, Varah tornou-se reitor da paróquia de St. Stephen e decidiu fazer alguma coisa a respeito dos suicidas. A 2 de novembro de 1953, os jornais londrinos informaram que qualquer pessoa deprimida que quisesse falar com Chad Varah deveria telefonar para o número tal. O reverendo se propôs a jamais dar um enfoque religioso à conversa. A sua agenda encheu-se rapidamente também de encontros com voluntários para a tarefa.

A eles caberia ouvir de maneira atenta – e nada além disso, nada de perguntar ou aconselhar – as pessoas em desespero. Falar seria uma forma simples de exorcizar o suicídio. Logo, o tablóide sensacionalista *Daily Mirror* publicou uma reportagem sobre Varah com o título "Pastor samaritano vai salvar suicidas". Sem querer, o redator deu uma boa idéia ao próprio reverendo. A partir dali, o seu grupo de apoio chamar-se-ia Samaritanos, em referência à parábola bíblica.[24]

Nasceu ali a primeira organização leiga de auxílio a pessoas que contemplavam a morte voluntária. Os Samaritanos tornaram-se a inspiração para outras organizações, como o Centro de Valorização da Vida, na qual trabalhou Otavio Frias Filho. Um pouco por sua experiência no CVV, um pouco pela convicção na preponderância de um fator clínico nas taxas de suicídio, ele escreveu:

> Adquiri a convicção de que saber mais sobre o fantasma do suicídio pode ser o caminho para dominá-lo. Ajuda a dissipar a névoa de fantasia e ignorância que tanto obscurece os terrores que acompanham esse ato de desamparo extremo, como impede de ver que o suicídio não somente pode, mas deve ser evitado.[25]

Como jornalista e diretor de redação, Frias Filho naturalmente não se furtou a tratar do papel dos órgãos de comunicação na divulgação dos casos de suicídio. Para ele, sem sombra de dúvida, casos noticiados com estardalhaço despertam imitadores, o que deveria obrigar a mídia a fazer determinadas renúncias neste tipo de cobertura ("como na prática já ocorre na grande maioria dos casos", admitiu). Entre essas renúncias estariam não apenas a seleção extremamente cuidadosa dos casos a serem noticiados, restringindo-os àqueles que envolvem ou interesse público ou celebridades, como a omissão de detalhes práticos. A ênfase, segundo o autor, deveria ser na prestação de esclarecimento científico, no "debate desimpedido sobre os mecanismos psicológicos do suicídio e os modos de preveni-lo".

Ao mesmo tempo em que reproduz o velho consenso sobre o caráter perigoso (contagioso) do ato suicida, Frias Filho também se inscreve no já antigo movimento de humanização do suicida. Na Inglaterra, tal movimento, por sinal, começou antes de Donne, antes de Burton, com obras que prepararam o espírito da população iletrada a contemplar os suicidas de outra maneira – as peças de teatro.

Na virada do século XVI para o XVII, o suicídio foi um componente quase obrigatório no teatro inglês, seja nos dramas clássicos, seja nas tragédias contemporâneas. Bernard Paulin, em *Du couteau à la plume: le suicide dans la littérature anglaise de la Renaissance*, estudo publicado na França em 1977 e citado por Minois, contou, em 100 peças, nada menos que 43 suicídios entre 1580 e 1600 e, aumento notável, 128 de 1600 a 1625. Alguma obras, sozinhas, somaram cinco casos. As cinco principais causas para o cometimento do ato eram, pela ordem, amor, remorso, honra, desespero e – num dado novo, ligado ao avanço do capitalismo – ruína econômica. "A explicação sociológica, aparecida em Robert Burton, começa timidamente a concorrer com a psicológica, enquanto a sobrenatural recua", ressaltou Minois. O suicida, portanto, assumia uma feição humana, mesmo que o tom dos autores não fosse em geral admirado ou compreensivo com suas motivações. E sim porque, de qualquer forma, o assunto se banalizava no jogo social e perdia o apelo moral.

Os números levantados por Paulin são ainda mais assombrosos porque deles estão excluídas as 52 mortes voluntárias ocorridas nas peças do maior de todos os dramaturgos ingleses do período. Em *Shakespeare: a invenção do humano*,

Harold Bloom viu em Hamlet, entre outras coisas, a encarnação da nossa busca pela identidade e pela autoconsciência. "Em Hamlet, a autoconsciência faz exacerbar a melancolia, à custa de todos os demais sentimentos", escreveu. Em outra obra, a anterior *O cânone ocidental*, o crítico literário norte-americano chegara a dizer que Sigmund Freud "entendia que Shakespeare inventara a psicanálise, ao inventar a psiquê, até onde Freud podia reconhecê-la e descrevê-la". Nas tragédias de Shakespeare, as pessoas se suicidam de todas as formas e por todos os motivos. Cássio, Brutus, Antônio e Cleópatra, por exemplo, evocam os suicídios clássicos, honrosos. Os jovens Romeu e Julieta se matam por amor – e mal-entendido. Macbeth se mata para cumprir seu destino. Otelo, por remorso. Ofélia, enlouquecida, afogada, por nenhuma razão em especial, sem nenhuma palavra de explicação.

No entanto, na primeira cena do quinto ato, o espectador de *Hamlet* escutava dos coveiros de Ofélia um diálogo irônico. Ele remete aos nós-em-pingo d'água dados pela casuística católica (que, ao analisar situações caso a caso,[26] deliberando se a pessoa havia ou não se matado, de forma involuntária nem encerrava a questão nem pacificava o espírito dos fiéis, como pretendia) e ao caráter censitário da reprovação ou não ao suicídio:

> 1º COVEIRO: Deve ser enterrada em sepultura cristã aquela que buscou voluntariamente a salvação?
>
> 2º COVEIRO: Digo-te que deve; portanto, abre logo essa cova. O pontífice informou-se de tudo e deliberou que o enterro fosse cristão.

1º COVEIRO: Como pode ser isso, a não ser que ela se afogasse em sua própria defesa?

2º COVEIRO: Ora, foi decidido assim.

1º COVEIRO: Deve ter sido se ofendendo, nem pode ser de outro modo. Pois esse é o ponto: se eu me afogo voluntariamente, isso indica ato, e um ato tem três partes: agir, fazer e consumar. *Ergum*, ela afogou-se voluntariamente.

2º COVEIRO: Não; mas escuta, mestre cavuqueiro.

1º COVEIRO: Com licença. Aqui está a água, bem; aqui está o homem, bem; se o homem vai para esta água e se afoga, queira ou não queira, é ele que vai. Presta atenção: mas se a água vem para ele e o afoga, não é ele que se afoga; *ergum*, ele não é o culpado de sua própria morte, ele não encurta a própria vida.

2º COVEIRO: Mas isso é lei?

1º COVEIRO: É, sim, senhor; lei de borla e capelo.

2º COVEIRO: Queres saber a verdade? Se ela não fosse nobre, seria enterrada fora do ritual cristão.

1º COVEIRO: Assim o disseste; e é uma lástima que os grandes deste mundo tenham o direito de afogar-se ou de enforcar-se, mais do que qualquer outro cristão. Vamos, a minha pá. Não há gentis-homens mais antigos que os jardineiros, os cavadores e os coveiros; eles conservam a profissão de Adão.[27]

É, no entanto, um pouco antes, na primeira cena do terceiro ato, de um personagem que *não se mata* na mesma peça de 1600,[27] data redonda e simbólica, que as platéias escutavam a problematização do suicídio em termos eminentemente modernos, pois despidos de dogma religioso ou superstição em favor do exame racional do custo-benefício de se viver. Afinal, o solilóquio mais famoso da história do teatro não fala de outra coisa que não disso, embora Harold Bloom, em *Hamlet: poema ilimitado*, tenha discordado: "Convém afirmar de maneira direta: *não* se trata de uma reflexão que, seriamente, contemple o suicídio." Não mesmo?

> Ser ou não ser, essa é a questão:
> Será mais nobre suportar na mente
> As flechadas da trágica fortuna,
> Ou tomar armas contra um mar de escolhos
> E, enfrentando-os, vencer? Morrer – dormir,
> Nada mais; e dizer que pelo sono
> Findam-se as dores, como os mil abalos
> Inerentes à carne – é a conclusão
> Que devemos buscar. Morrer – dormir;
> Dormir, talvez sonhar – eis o problema:
> Pois os sonhos que vierem nesse sono
> De morte, uma vez livres deste invólucro
> Mortal, fazem cismar. Esse é o motivo
> Que prolonga a desdita desta vida.[29]

Sim, é Hamlet quem a um tempo sintetiza todo o pensamento ocidental sobre o suicídio e, também, o externa com uma clareza contundente. Nisso, é capaz de atingir tanto o velho público letrado religioso-militar, aquele que até menos de 200 anos antes detinha o monopólio da palavra escrita, quanto o novo público iletrado dos grandes centros, cuja maior diversão era beber, fornicar e ir ao teatro Globe. Não se deve perder de vista, mesmo diante do vocabulário hoje considerado rebuscado de Shakespeare, que era para esse povo que ele escrevia.

MacDonald e Murphy chamaram a atenção para o fato de que Hamlet e todos os demais membros da corte se inclinam para o estoicismo (a mesma escola filosófica de Catão) ao encararem o suicídio como um problema moral e ético, não religioso. O príncipe, em particular, se indaga sobre a nobreza do gesto, tema central para os seguidores de Zenão de Cício. O que Hamlet se (lhes/nos) pergunta é: vale a pena viver? Vale a pena suportar golpes do destino, injustiças do opressor, escárnio alheio, ingratidão no amor, lei tardia, quando se pode:

> ... procurar repouso
> Na ponta de um punhal? Quem carregara
> Suando o fardo da pesada vida
> Se o medo do que vem depois da morte –
> O país ignorado de onde nunca
> Ninguém voltou – não nos turbasse a mente
> E nos fizesse arcar co'o mal que temos
> Em vez de voar para, esse que ignoramos?[30]

A visceralidade da linguagem não deve obscurecer, entretanto, as evidências de que Shakespeare era um pragmático nato. Ele nunca deixou que seus próprios preconceitos religiosos[31] prejudicassem uma boa peça. Além disso, sabia muito bem que a complacência da platéia para com um suicídio não se estendia para fora do teatro. "O sofrimento de um herói trágico, distanciado e enobrecido pelo drama poético, fica literalmente a um mundo de distância do suicídio fora do palco, que raramente é trágico, nunca é grandioso e na maior parte das vezes é sórdido, deprimente, confuso", escreveu A. Alvarez em *O deus selvagem*. Para ele, a diferença entre a Idade Média e a Renascença não esteve num "súbito acesso de esclarecimento na prática" e sim numa mudança de perspectiva na abordagem não só deste, mas de todos os problemas morais da época. De fato, a emergência do individualismo tornou essas questões mais complexas e sujeitas a controvérsias. Ao não se matar, inclusive, Hamlet experimenta com antecedência de três séculos e meio o procedimento dos Samaritanos. O de que falar do suicídio é, de certa forma, exorcizá-lo.

Se o suicídio é tema de reflexão, ainda que na idealização dos palcos e da literatura, também na sujeira cotidiana das ruas ele começa a ser examinado. Nesse duplo movimento, avança o processo de humanização do suicida. No começo do século XVII, as autoridades londrinas estavam preocupadas com a insalubridade, com o avanço das epidemias, com o espectro da Peste Negra. Passaram, então, a publicar nos jornais da cidade um cômputo semanal de mortes por doença ou acidente, as *Bills of Mortality* (contas da mortalidade, i.e., listagens de mortos). Seu propósito prático era alertar os leitores sobre os perigos da vida na metrópole, de modo que eles pudessem evitar a ida a uma zona infectada por uma moléstia ou se prevenir contra o afogamento acidental. Para MacDonald e Murphy, contudo, elas serviam ainda a "um profundo propósito psicológico, mantendo os leitores cientes da fragilidade da própria vida em si e assim afirmando simultaneamente a boa sorte deles e a incerteza da continuação dela".

Os suicídios eram incluídos na porção dos acidentados, junto às vítimas de outros acasos infelizes. Na maior parte dos casos, tais notícias se restringiam a indicar se uma ou mais pessoas de uma paróquia em particular haviam se matado por enforcamento, afogamento, facadas, saltos etc. – e se devia-se atribuir à loucura alguma(s) das mortes. Um texto típico, coletado por MacDonald e Murphy no *Weekly Journal* da semana terminada em 21 de janeiro de 1721, nos dias que se seguiram a uma crise de especulação financeira, dizia: "Enforcaram-se seis. Um na Christ-Church em Londres, três (atordoados) em St. Giles in the Field, um (lunático) em St. James Clerkenwell e um em St. Martin in the Fields." Às vezes, porém, eram adicionados, nessa ordem de freqüência, a profissão do morto, seu endereço ou o local da sua morte, o seu nome e o veredicto do *coroner.*

Ao lado de Catão ou de Ofélia, então, o inglês comum passou a se acostumar ao suicídio ocorrido, por assim dizer, na porta ao lado. Embora não houvesse nem exatidão quanto às causas nem precisão estatística, a publicação das listas semanais inadvertidamente tornou a morte voluntária familiar à Inglaterra, passando aos leitores a impressão de regularidade do fenômeno, de tal modo que logo surgiria o mito da "doença inglesa". O eufemismo para suicídio foi consagrado em *The English Malady, or a Treatise of Nervous Diseases of all Kinds*, obra de um médico famoso e devoto, George Cheyne, publicada, não por acaso, um ano depois do rumoroso episódio do casal Smith. Na ocasião, Cheyne admitiu ter sido instigado a escrevê-la por amigos alarmados com a freqüência e o crescimento do número de suicídios registrado pelos jornais. O médico culpava duas causas pela concentração de suicídios na Inglaterra: o avanço do ateísmo, estimulado pelo culto aos clássicos greco-romanos; e a tendência à melancolia, devida ao proverbial mau tempo das ilhas britânicas.

John Graunt, o primeiro demógrafo inglês digno deste nome, embora criticasse a exatidão dos números das *Bills of Mortality*, utilizou-os para calcular uma média de 15 suicídios por ano em Londres entre 1629 e 1660 – para uma população estimada entre 350 mil e 400 mil em 1650.[32] Havia, dentro desse período, picos. É o caso dos 36 suicídios registrados em 1660. Naquele ano, talvez não por acaso, a monarquia foi restaurada, com Charles II sagrado rei, sucedendo ao "lorde protetor" Oliver Cromwell e, após sua morte, ao seu filho Richard Cromwell.

Sobretudo sob a Coroa, o número de suicidas registrado nas *Bills of Mortality* era jogado para baixo pelo mascaramento dos óbitos em naturais ou acidentais. Os júris formados por moradores com freqüência também tratavam de subavaliar os bens do suicida, de modo a proteger sua família da Justiça Real e do confisco que julgavam injusto. Uma lei de 1693 estimularia ainda mais a fraude nos veredictos. Por ela, os bens dos suicidas não seriam mais confiscados em benefício do rei, mas sim do senhor local – que os jurados odiavam ainda mais.

Antes mesmo disso, MacDonald e Murphy mencionaram com espanto o caso de um certo John Wilkins, merceeiro em Norwich. Ele teria morrido em 1598, uma semana depois de ter cortado a garganta. Chamados a testemunhar diante do júri, coisa que raramente acontecia, um médico e três cirurgiões declararam que o ferimento não poderia ter sido mortal. O júri, então, registrou que a misteriosa doença fatal era *anterior* ao golpe, de modo a livrar Wilkins da condenação como *felo de se* (expressão latina para "assassino de si mesmo"), que também adviria se a doença fosse considerada *posterior* ao golpe. "A história toda é boa demais para ser provável, embora, é claro, possa ter sido real", escreveram os autores.

Eles destacaram um capítulo inteiro – batizado "The medium and the message" (O meio e a mensagem), à McLuhan – para o papel da imprensa no importante processo que chamam de "secularização do suicídio". Afinal, a partir de 1695, a maré da tolerância cresceu lado a lado com o notável aumento da tiragem dos jornais na Inglaterra e, portanto, o notável aumento da circulação das *Bills of Mortality*. As tiragens dos principais títulos londrinos atingiram 15 mil exemplares (às vezes três dias por semana) em 1704. A feroz cobrança de impostos pela Coroa e a correspondente sonegação pelos editores impossibilitam a obtenção de dados precisos para os anos seguintes. No entanto, mesmo as incompletas estatísticas oficiais apontam para o crescimento acentuado do número de exemplares vendidos — 7,4 milhões em 1753 e 15 milhões em 1792. Ou seja, 100% de aumento em menos de 50 anos. Tais cifras estão longe de conter o universo de leitores não só pelas fraudes, mas também porque pubs, cafés e estalagens faziam assinaturas de jornais. Seus fregueses, letrados ou não, discutiam os temas em pauta, da política ao suicídio.

MacDonald e Murphy mostraram que o crescimento da imprensa periódica e do número de pessoas alfabetizadas depois do ano de 1700 transformou a "hermenêutica do suicídio", afetando ainda outros aspectos da vida social e cultural. A proliferação de jornais diários ou semanais e de revistas mensais acabou criando um novo modo de comunicação, no qual a tradição oral comunitária perdeu espaço para o alargamento de horizontes proporcionado pela contínua enxurrada de eventos ocorridos no restante do país, em particular em Londres. A reboque disso, vieram novas atitudes e idéias, transmitidas "muito mais efetivamente do que panfletos ou púlpitos", ajudando a formar uma consciência política. No caso da morte voluntária, o noticiário habilitou a vasta audiência a formar seu próprio juízo. A partir desse ponto, os rituais de julgamento e enterro não eram mais o principal meio pelos quais as pessoas tomavam conhecimento de suicídios e de seu significado.[33]

As próprias necessidades intrínsecas ao moderno texto jornalístico facilitavam a compreensão da morte voluntária e de sua freqüência dentro da sociedade. A credibilidade dos jornais passava – e passa – pela cobertura extensa, acurada e detalhada de dados, sejam cotações da bolsa, preços de mercadorias, estatísticas, votações, placares. No século XVIII, as *Bills of Mortality* entravam nesse pacote. O *Northampton Mercury*, por exemplo, se gabava: "A *Bill of Mortality*, ou conta dos batizados e enterros, será inserida (*aqui*) com a mais precisa exatidão." Dizia-se isso na insinuação de que os concorrentes poderiam estar, e às vezes de fato estavam, omitindo de suas listagens os suicidas. Assim, até essa briga empresarial pelo nascente mercado de jornais ajudava a consolidar a passagem do assunto da esfera religiosa para a esfera leiga – sua secularização. A respeitabilidade da imprensa moderna não teria sido conquistada se as mortes nas listas fossem consideradas julgamento divino ou influência demoníaca.

A apresentação do suicídio como mero fato da vida desestimulava interpretações sobrenaturais do gesto. Nem mesmo o doutor Cheyne invocava mais o capeta em suas perorações anti-suicidas pós-1700. Sua crença na "doença inglesa" se referia a fatos sociais e – ao menos supostamente – científicos, ou seja, deste mundo, não do outro. A imprensa inglesa da época, contudo, não se limitou a secularizar o suicídio pela revelação de sua freqüência e de sua quantidade nas *Bills of Mortality*. O imperativo jornalístico-mercadológico da veracidade também atuava no sentido de detalhar casos específicos, recurso ainda usado em todas as editorias de hoje. Ao noticiarem, detalharem, debaterem e reescreverem de forma abundante os casos mais célebres de suicídio, os jornais da Inglaterra do século XVIII mostraram que o morto nada mais era que uma pessoa comum atravessando um mau momento. Na maior parte das vezes, ele era somente digno de pena, não de condenação ou excomunhão.

Se a partir de 1780 o respeitável *Times* experimentou uma onda conservadora, elogiando, por exemplo, o *coroner* de Middlesex por seu rigor investigativo contra os suicidas, também foi capaz de carrear solidariedade a um certo Kennedy, "um ator, se não eminente, útil", na sua edição de 23 de junho de 1786. Kennedy havia tido seu rosto desfigurado no incêndio que matou sua esposa. Por conta dos ferimentos, sua carreira acabou. Deprimido, ele viu-se paralítico depois de um derrame. Ficou inteiramente dependente de um amigo, que, por sua vez, também não tardou a morrer. Diante dessa sucessão de desgraças, o *Times* publicou: "Pobre Kennedy, que foi um homem de espírito e de estrita integridade, quando sua vida tornou-se insuportável, ele saiu de cena pela última vez com uma navalha, nos seus 66 anos!" A concorrência, por outro lado, às vezes fazia os jornais caírem em relatos fantasiosos e contraditórios, como a boa ficção. Para MacDonald e Murphy, ficou claro então que os jornais da época "eram um tipo de literatura popular coletiva". Seus estilos e conteúdos, produto "dos gostos e interesses de muitas pessoas".

> Professores de literatura recentemente nos ensinaram a interpretar obras de arte em termos de códigos culturais que elas expressam e refletem. Eles pediram uma "poética cultural" que contemple os textos literários como produções coletivas – manifestações de práticas culturais e crenças coletivas – mais do que como expressão única das imaginações individuais de seus autores. Nenhuma forma de "literatura" se presta melhor a essa abordagem do que a imprensa popular.[34]

Van Dijk utilizou um texto publicado no jornal inglês *Daily Mail*, em sua edição de 21 de janeiro de 1989, como exemplo do lado sombrio da mesma força da produção coletiva, ressaltando a ênfase e reprodução, pela imprensa conservadora ocidental, de estereótipos negativos sobre minorias, imigrantes e refugiados, "assim contribuindo para o crescimento de formas de intolerância, preconceito e discriminação contra os povos do Terceiro Mundo". O pesquisador holandês destrinchou a notícia da repatriação de um cidadão do Sri Lanka, Viraj Mendis, depois de ele ter buscado refúgio numa igreja de Manchester. Ele encontrou no texto elementos que reforçam a ideologia dos leitores. Forasteiros são perigosos, não são bem-vindos. Mendis é até chamado de "marxista", rótulo irrelevante no contexto, como notou Van Dijk. Mesmo aqueles ativistas que foram protestar contra a deportação de Mendis no aeroporto de Gatwick, em Londres, não escapam desse tipo de associação despropositada. Para o jornal, são revolucionários, gays, lésbicas e negros – grupos sociais aos quais os leitores do *Mail* não são simpáticos.

No caso dos Smith, o mecanismo era o mesmo, mas atuava no sentido contrário. Não o de despertar a ojeriza dos leitores e sim o de estimular-lhes a simpatia. Detalhes irrelevantes eram apresentados à Londres do século XVIII como estratégia para tornar os muitos suicidas mais reais e mais humanos aos seus olhos. Bilhetes de despedida, em particular, eram disputados a tapa pelos jornais. Para MacDonald e Murphy, as extensas descrições permitiam transportar o leitor para a cena da morte; e os bilhetes permitiam-lhe entrar na própria cabeça do morto, ouvir-lhe a voz, reverberando do além, a dar explicações sobre o seu gesto extremo. Segundo os autores, no entanto, o realismo é uma convenção "tão artificial quanto a alegoria". Para ser convincente, uma narrativa deve satisfazer as expectativas do que inclui um relato verdadeiro de um evento. Deve ser apta à visualização, acurada nos detalhes circunstanciais e plausível psicologicamente. MacDonald e Murphy atestam que os jornais "são ruins para a arte mimética", oferecendo pouca possibilidade para a criação de criar uma narrativa profunda, sobretudo porque quase todas suas histórias "são curtas" e a serialização "torna difícil o desenvolvimento dos personagens".[35]

Os historiadores escreveram, não especificamente sobre os Smith, mas sobre todos os suicidas que julgaram adequado deixar uma carta para a posteridade: "No momento da morte, eles não tinham nada mais a não ser a linguagem para endireitar o mundo." A mensagem não era apenas uma explicação dos seus motivos. Ela não se encerrava em si ou com a morte do remetente. Era também o meio mais eficiente de influenciar a recepção do suicídio pelos sobreviventes, aí incluídos os conhecidos, os desconhecidos e, *last but not least*, as autoridades encarregadas de apurá-lo e, se fosse o caso, puni-lo. Uma grande platéia, enfim. Neste ponto, cabe informar que as punições aos suicidas só foram abolidas pelo Parlamento inglês em 1823 (as religiosas), 1871 (as seculares) e 1961 (a abolição da figura jurídica do *felo de se*, o assassinato de si mesmo, na Common Law).

Bilhetes de suicídio eram muito raros no século XVII. O mesmo crescimento da alfabetização que aumentou a circulação dos jornais, o seu número de leitores e o contato destes com notícias de suicídio também conduziu à multiplicação das cartas de despedida. Em *Sleepless Souls*, MacDonald e Murphy conseguiram reunir 70 bilhetes do século XVIII. Embora seja virtualmente impossível separar os autênticos dos inventados, e embora tenham reconhecido a limitação numérica de sua amostragem, eles acreditaram ter atestado o estabelecimento dos bilhetes de suicídio como um outro gênero literário em si. Na maioria escritos por ingleses das classes médias, eles empregavam a retórica dos testamentos. Eram uma tentativa de estender a sua influência para além de sua morte, fosse dispondo de bens e propriedades, distribuindo bênçãos ou, ainda, dando instruções acerca das exéquias. Sabedores de que suas últimas palavras seriam lidas publicamente, durante o inquérito, os suicidas buscavam influenciar jurados e leitores. Haviam aprendido a dirigir-se a eles lendo na própria imprensa outras cartas de despedida.

Embora essa necessidade de dar satisfações confirme as idéias de Durkheim sobre a relação entre o suicida e a sua sociedade, ele próprio não levava os bilhetes de suicidas muito a sério, com argumentos quase psicanalíticos. Considerava "as confidências que o próprio sujeito nos faz sobre seu estado ... na maioria das vezes insuficientes, quando não suspeitas". Para Durkheim, o suicida não estava na posição mais privilegiada para falar de suas emoções ou intenções. A despeito desse possível processo de mistificação, porém, ou talvez justamente por causa dele, as cartas não raro alcançam um alto nível literário. Entre as coletadas por MacDonald e Murphy, foi o caso da de uma nobre que se afogou de forma voluntária no mar, em Deal, em 1726. Em sua carta, publicada no *London Journal*, ela começa oferecendo perdão a todos aqueles que a enganaram, inclusive um certo "Mr. L", causador de sua desgraça. Ao mesmo tempo, faz questão de esclarecer que, ao contrário do que o seu sedutor espalhara pela comunidade, ela não era uma vagabunda. Apenas fora fraca diante dos repetidos apelos de "Mr. L" ("ele continuou de joelhos, implorando para perdoá-lo; prometendo tudo o que um homem pode dizer", dizia um trecho) enquanto o marido dela estava fora, no mar.

MacDonald e Murphy qualificaram a carta da nobre suicida como uma "extraordinária realização". Segundo eles, a oscilação da autora entre raiva e dor, honradez e vergonha, ódio e amor, criou um quadro realista "de uma mente tomada por emoções poderosas e conflitantes". Comparada a um monólogo final de uma heroína trágica, a carta capta a tensão entre o reconhecimento do papel que a autora desempenhou em sua própria queda e a persistência na ilusão que a arruinou. "Tragédia contemporânea é apenas um dos gêneros que fornecem o material literário para esta desesperada obra de arte", observaram.[36]

Além do zelo com sua reputação póstuma, os suicidas do século XVIII tentavam, por intermédio das palavras, amenizar a dor dos entes queridos ou, ao contrário, aumentá-la com um derradeiro gesto de vingança – como parte da carta da senhora de Deal. Cita-se ainda o bilhete de John Stracy, que, a despeito do *my dear* de praxe no início, culpa a mulher infiel pela sua morte e ainda espera que o amante dela pense em sua "triste catástrofe". Explícita ou implicitamente, no final das contas, a vingança[37] sempre foi um componente forte do suicídio, seja para espicaçar a já pesada culpa que toma as pessoas próximas, seja na crença mística de exercer um devastador poder prático sobre os supostos desafetos. Eis, por exemplo, um trecho da última carta de Adolf Hitler, que, junto com a mulher Eva Braun, se suicidou a 30 de abril de 1945, no *bunker* sob o solo da Chancelaria, em Berlim, quando as tropas soviéticas já se encontravam a poucas centenas de metros (a Segunda Guerra acabaria na Europa oito dias depois):

> Minha mulher e eu escolhemos morrer para escapar da vergonha da deposição ou da capitulação. É nosso desejo que nossos corpos sejam cremados imediatamente no lugar onde eu prestei a maior parte do meu trabalho durante doze anos a serviço do meu povo.[38]

Não encontramos aí tanto a justificativa para o gesto e o protesto de honra quanto a mal disfarçada acusação? De acordo com seu biógrafo Joachim Fest, Hitler, tomado por delírios de abandono e traição nos últimos dias de sua vida, passou a culpar a suposta fraqueza do povo alemão pela derrota do Terceiro Reich.[39] Diferentemente dos Smith, que pouparam o gato e o cão, Hitler ordenou que até a sua amada cadela pastor alemão, chamada Blondi, fosse morta, bem como seus cinco filhotes, para evitar que também eles caíssem na mão dos soviéticos.

Outro duplo suicídio célebre, o do casal Arthur e Cynthia Koestler, adotou, em seu bilhete de despedida, um tom não muito diferente, apesar do conteúdo e da conjuntura diversas. Autor de *O zero e o infinito*, entre outras obras, o escritor e ativista político inglês nascido na Hungria foi vice-presidente de uma sociedade pelo direito à morte digna, chamada sugestivamente de Exit (saída, em inglês). Para ela, escreveu *A Guide to Self Deliverance*. Aos 77 anos, sofrendo de um tipo raro de leucemia e de mal de Parkinson, e apesar de já mal andar ou falar, Koestler decidiu passar da teoria à ação. Deu de presente o cão de estimação e se trancou na casa do bairro londrino de Knightsbridge para se matar ingerindo barbitúricos, a 2 de março de 1983. Sua terceira mulher e mãe de sua filha, Cynthia Jeffries, então com 55 anos, embora gozasse de perfeita saúde, decidiu acompanhá-lo. Suicídios de viúvas não são raros em outras sociedades.

No bilhete iniciado oito meses antes do suicídio, Koestler expôs suas mazelas físicas, suas razões para cometer o ato, e disse: "O que ... torna difícil dar o último passo é a reflexão sobre a dor que ele está destinado a infligir a meus poucos amigos vivos e, sobretudo, à minha esposa Cynthia." Ao pé da página, porém, ela acrescentou: "Eu gostaria de terminar meu relato sobre o trabalho com Arthur – uma história que começou quando nossos caminhos se cruzaram, em 1949. Contudo, eu não posso viver sem Arthur, a despeito de certos recursos interiores."

O único trabalho realizado no Brasil em torno de cartas e bilhetes – além de fitas cassete – deixados por suicidas coube à psicóloga paulista Maria Luiza Dias. Em *Suicídio: testemunhos de adeus*, originado de sua dissertação de mestrado na USP, ela coletou exemplos relativos aos anos de 1986 e 1987 no Instituto de Criminalística de São Paulo, estado em cuja capital estima-se que mais de mil pessoas se matem a cada ano. Sem a platéia dos jornais brasileiros, eles mostram uma notável diferença daqueles analisados por MacDonald e Murphy. A retórica muda bastante, torna-se mais íntima, menos literária, menos grandiloqüente. De resto, ambos os grupos pesquisados buscam projetar a sua existência para o futuro, para além de suas mortes, ao zelar por sua reputação, instruir os sobreviventes ou, até, conceber uma nova existência, sobrenatural, menos sofrida.

Nisso, são consistentes com a idéia de que uma quantidade expressiva dos suicidas não quer de fato morrer, deixar de existir, e sim se livrar de um problema, pela simples e absoluta impossibilidade de se pensar a própria morte. Ao explicar, a partir do Freud de *Luto e melancolia*, como o melancólico reintrojeta o objeto perdido – amado ou odiado, não importa – e passa a se identificar com ele, Maria Luiza escreveu que "o indivíduo, no impulso de livrar-se do mal que o perturba, acaba por destruir-se por inteiro. ... Assim, o suicídio é um homicídio, onde o indivíduo que mata é também a própria vítima". A velha expressão jurídica "assassinato de si mesmo" era, quem diria, psicanaliticamente premonitória.

Em seu estudo, Maria Luiza optou por não identificar os suicidas, a não ser por iniciais. O.T.C.F., homem de 36 anos que se enforcou, deixou quatro bilhetes bastante prosaicos. Todos com indicações práticas sobre o que fazer com seu corpo ou como seus parentes devem se comportar. Quer que seu corpo seja cremado no Cemitério de Vila Alpina. Não quer que ninguém veja o seu cadáver. Pede que o pai e a mãe sejam levados tão logo possível para Araçatuba. Especifica quanto dinheiro tem em casa ou no banco. R., mulher de 20 anos que se matou com arma de fogo nas dependências da PUC-SP, deixou quatro cartas e um bilhete. Embora não conste nenhuma referência a elas no laudo assinado pelo perito do Instituto de Criminalística de São Paulo, o que a faz pensar que "a população que deixa mensagem seja mesmo muito maior do que se tem registro", Maria Luiza informa que a notícia do suicídio de R. publicada no jornal *Folha de S. Paulo* as menciona – mas não as reproduz. Uma das cartas não se dirige a ninguém em especial.

> Não posso mais continuar!
> Chega!
> É o fim da trilha!
> Tenho sofrido mais que o suportável.
> Tudo deu errado em minha vida. Talvez eu tivesse nascido em hora errada, tempo errado. Merda!
> O que quer que eu faça é errado!
> Será que é porque admiro Hitler, sou anarquista, esquerdista e adepta do comunismo?
> Será que é porque minha mãe nunca se casou?
> Porque o meu pai era um panaca perfeito?
> Que ódio passei a ter de tudo isto!
> Da vida!
> Uma grande e gigantesca droga!
> Meu Deus ou devo chamar pelo Diabo? Quem me ajudaria? Uma criatura como eu, jovem, fria, inteligente, mas que em nada deu certo.
> Coloquem todas as cartas no correio lacradas como estão, isto aliviará algumas pessoas da culpa. Não é culpa de ninguém, mas do sistema.
> O sistema mata!
> Não tentem me salvar, pois outras oportunidades surgirão.[40]

Essa carta é um verdadeiro compêndio de temas presentes nos testemunhos de adeus, tal como também relatados por Etkind, MacDonald e Murphy. Fala em narcisismo, sofrimento e culpa, na desordem da vida e do mundo, na inadequação ao próprio tempo, em problemas com a família, pede providências práticas, faz a ameaça de se repetir caso a presente tentativa seja malsucedida. Ao mesmo tempo, traz o distanciamento característico das cartas de suicida, expresso, entre outras coisas, pela mordacidade da menção a Deus e ao diabo. Por fim, de forma não menos sintomática, se não na acepção psicanalítica, mas do ponto de vista de uma retórica da morte voluntária, há uma menção a Hitler, que surge misturado a ideologias incompatíveis com a dele e incompatíveis entre si. O *Führer* parece desempenhar, na contemporaneidade, o papel que foi de Judas na Antigüidade. É o nome que concentra a ignomínia associada ao ato de abrir mão da própria vida.

Um presidente no Catete:
O velho tabu visto no Brasil do século XXI

A 24 de agosto de 1954, às 8h25, Getúlio Vargas matou-se com um tiro do seu revólver Colt calibre 32 no coração. Aos 71 anos, o presidente estava pessoal e politicamente acuado no Palácio do Catete, no Rio de Janeiro, então capital da República. A oposição udenista fazia uma campanha pesada contra seu governo, que acabara de conceder um aumento de 100% ao salário mínimo. As multinacionais o sabotavam, contrariadas pela lei que limitava a remessa de lucros para o exterior em 10%. Os militares haviam retirado o seu apoio e a quase totalidade da imprensa o atacava ferozmente. A solitária exceção era o jornal *Última Hora*, de Samuel Wainer, que fora fundado sob os auspícios do próprio presidente.

Na manhã daquele 24 de agosto, apenas dois minutos depois de o estampido ter sido ouvido no Catete, Samuel Wainer recebia um telefonema de seu repórter no palácio presidencial. Em prantos, Luís Costa informou: "Um tiro no coração." Em sua autobiografia, *Minha razão de viver*, Wainer contou que desligou o telefone e correu para a oficina do jornal, onde encontrou operários chorando, alguns até mesmo desmaiados. Naquele momento, as rádios transmitiam a notícia, e a comoção se espalhava pelo país.

> Lembrei-me, então, de que a página com a manchete publicada na véspera – SÓ MORTO SAIREI DO CATETE – continuava composta em chumbo. Naquela época, tínhamos o hábito de guardar algumas páginas numa estante, para a eventualidade de republicar certos textos, anúncios principalmente. Nos dias seguintes íamos utilizando os tipos de chumbo ali armazenados e a página era desfeita aos poucos. Aquela histórica primeira página, contudo, permanecia intacta, e tive a idéia de republicá-la exatamente como saíra na véspera, mudando apenas alguns detalhes. Numa linha no alto da página, escrevi: "*Ele cumpriu a promessa.*" Abaixo da frase em que Getúlio prevenia que não o tirariam vivo do palácio, descrevi o suicídio do presidente da República.[1]

A gráfica da *Última Hora* imprimiu, em sucessivas edições, 800 mil exemplares, recorde brasileiro na ocasião. Elas logo se esgotaram, sem nem serem distribuídas às bancas: o povo as tirava direto dos caminhões, jogando o dinheiro para dentro das caçambas. A mesma emoção resultou no empastelamento dos grandes jornais antigetulistas, sobretudo a *Tribuna da Imprensa*, de Carlos Lacerda, deputado federal pela UDN. Vargas virara a maré política.

A agonia que desembocaria no suicídio começara 19 dias antes, quando Lacerda havia sido alvo de um atentado ao chegar de madrugada ao seu prédio, na rua Toneleros, 180, em Copacabana, vindo de uma conferência antigetulista no Externato São José, na Tijuca. Lacerda levou apenas um tiro no pé, sem gravidade. No entanto, o major da Aeronáutica Rubens Vaz, que voluntariamente se revezava com outros jovens oficiais da mesma Arma na segurança ao jornalista e político, foi baleado no peito e morreu a caminho do hospital. Ao saber do atentado, Vargas disse: "Este tiro é uma punhalada em minhas costas."

A arma que matara o major Vaz era de calibre 45, privativo das Forças Armadas. Esse pormenor fez as investigações, por injunções do próprio Lacerda, serem retiradas da alçada da polícia e levadas para a da Aeronáutica. Um dos três pistoleiros do chamado Atentado da Toneleros foi identificado – e posteriormente preso – pelo Inquérito Policial-Militar (IPM) como Climério Eurides de Almeida. Era um dos 200 membros da guarda presidencial, quase todos gaúchos, como o próprio presidente, nascido em São Borja. Ao fim do IPM, ficou estabelecido que o mandante direto da ação havia sido o chefe da guarda presidencial, Gregório Fortunato, conhecido como Anjo Negro, fiel guarda-costas de Vargas.[2] Acima dele, suspeitas nunca comprovadas recaíram, entre outros, sobre Lutero Vargas, filho de Getúlio, e sobre o general getulista Ângelo Mendes de Morais. A partir deste ponto, o presidente viu-se confrontado com as opções de renunciar ou de resistir até o fim. Vargas escolheria uma terceira via.

Horas após o suicídio, rádios e jornais começaram a reproduzir a sua carta-testamento. Com o passar dos anos, foram levantadas dúvidas sobre a sua verdadeira autoria e surgiu até um "bilhete verdadeiro", muito menos eloqüente que a versão consagrada, possivelmente até o rascunho que Alzira Vargas, confidente e secretária do pai, encontrara entre os papéis dele em meados do mês.[3] Na ocasião, o presidente tratara de tranqüilizá-la: "Não te preocupes, minha filha, não penso em suicidar-me." Todavia, a beleza literária de sua peça de despedida mostra que ele ruminou por muito tempo não apenas a decisão de sair de cena pelas próprias mãos, como também suas últimas palavras.

> Mais uma vez, as forças e os interesses contra o povo coordenaram-se novamente e se desencadeiam sobre mim. Não me acusam, insultam; não me combatem, caluniam – e não me dão o direito de defesa. Precisam sufocar a minha voz e impedir a minha ação, para que eu não continue a defender, como sempre defendi, o povo e principalmente os humildes. Sigo o destino que me é imposto. Depois de decênios de domínio e espoliação dos grupos econômicos e financeiros internacionais, fiz-me chefe de uma revolução e venci. Iniciei o trabalho de libertação e instaurei o regime de liberdade social. Tive de renunciar. Voltei ao governo nos braços do povo.[4]
>
> Ao ódio, respondo com o perdão. E aos que pensam que me derrotaram, respondo com a minha vitória. Era escravo do povo e hoje me liberto para a vida eterna. Mas esse povo de quem fui escravo não será mais escravo de ninguém. Meu sacrifício ficará para sempre em sua alma e meu sangue terá o preço do seu resgate. Lutei contra a espoliação do Brasil. Lutei contra a espoliação do povo. Tenho lutado de peito aberto. O ódio, as infâmias, a calúnia, não abateram meu ânimo. Eu vos dei minha vida. Agora ofereço a minha morte. Nada receio. Serenamente dou o primeiro passo no caminho da eternidade e saio da vida para entrar na História.[5]

A carta-testamento de Vargas guarda notáveis semelhanças com os bilhetes de suicidas ingleses do século XVIII e brasileiros do século XX, analisados por MacDonald,

Murphy e Maria Luiza Dias. Previsivelmente nesse gênero literário,[6] o presidente justifica o seu gesto extremo não pelo desespero pessoal ou pela dificílima situação política e sim por uma causa maior — os humildes, o povo, o futuro do Brasil. De suas próprias palavras, o suicídio emerge não mais como um pecado ou uma fraqueza de caráter, mas como um sacrifício ao qual ele, destemidamente, está disposto a fazer. É um altruísta, segundo a tipologia de Durkheim. Qualquer suposição de desespero é afastada, também, pelo distanciamento sentimental, pelas belas frases de efeito que sobreviveram na memória popular como slogans nacionalistas e pela presunção, aliás, quase certeza, de que a posteridade saberia interpretar seu ato de modo correto e isento.

* * *

Naturalmente, no dia 24 de agosto de 1954, não passou pela cabeça de nenhum jornalista brasileiro omitir ou mascarar a causa da morte de Vargas. Era necessário noticiá-la com todas as letras, por conta da importância pública do suicida e das conseqüências do seu gesto para a sociedade, critérios que valeriam ainda hoje em qualquer redação. Além disso, é preciso ter em mente que a imprensa brasileira de meados da década de 1950 não se intimidava diante da morte voluntária. Era, num ciclo de sístoles e diástoles comum também à imprensa inglesa do século XVIII, uma imprensa diferente da que estaria nas bancas do final da década em diante. Ainda era, portanto, similar àquela que o jovem Nelson Rodrigues encontrou, quando começou a trabalhar como repórter policial, na redação de *A Manhã*, jornal que seu pai, Mário Rodrigues, fundou em 1925.

Na sua biografia de Nelson Rodrigues, *O anjo pornográfico*, Ruy Castro ressaltou que, nessa velha imprensa, embora as páginas dos crimes fossem o filé mignon da edição, junto com as dedicadas à política e à literatura, elas cobriam uma cidade tranqüila, a anos-luz do atual Rio de Janeiro, uma cidade na qual "a captura de um ladrão de galinhas era uma sensação", crimes passionais eram os mais comuns e "casais de namorados faziam pactos de morte como se estivessem marcando um encontro no 'Ponto *Chic*'". Muitas matérias eram apuradas diretamente na delegacia ou até por telefone. No entanto, nos casos mais escabrosos, repórter e fotógrafo corriam ao local do crime, tentando furar a concorrência. Essa "caravana" julgava-se onipotente. Não se limitava a entrevistar os parentes da vítima ou do assassino: vasculhava as gavetas da família antes da polícia e subtraía o que quer que visse como relevante para a sua matéria (fotos, cartas etc.).

> Os vizinhos eram ouvidos. Fofocas abundavam no quarteirão, o que permitia ao repórter abanar-se com um vasto leque de suposições. Como se não bastasse, era estimulado, quase intimado, pela chefia a mentir descaradamente. (No futuro, Nelson lamentaria: "Hoje o repórter mente pouco, mente cada vez menos.") De volta à redação, o repórter despejava o material na mesa do redator e este esfregava as mãos antes de exercer sobre ele os seus pendores de ficcionista.[7]

Interessante notar a semelhança entre o quadro descrito por Castro e o ambiente de competição entre os jornais londrinos tal como pintado por MacDonald e Murphy em *Sleepless Souls*,[8] ambiente que, lá como cá, ensejava aventuras ficcionais nas redações, inclusive na hora de informar a respeito de casos de suicídio. Dentro dessa cultura sensacionalista, por conseguinte, os detalhes sobre a morte do presidente não gozavam de nenhum privilégio em relação aos da morte do bancário que tomara chumbinho por descobrir a traição da esposa. Isso, porém, iria mudar.

Um dos principais agentes dessa mudança freqüentava a mesma redação de *A Manhã*, na qual Nelson Rodrigues era o *foca* que fazia as rondas das delegacias pelo telefone, atrás dos casos que ensejassem o despacho das "caravanas" de colegas mais experientes. Seu nome era Danton Jobim. Era um dos medalhões da redação. Vinte e cinco anos depois, no começo daqueles anos 1950, Jobim era o diretor de redação do *Diário Carioca*, jornal fundado dois anos depois de *A Manhã* e onde aportaria na imprensa brasileira a técnica norte-americana do lead, pela qual o primeiro parágrafo de cada notícia deveria responder às seis seguintes questões: Quem? O quê? Quando? Onde? Por quê? Como?

A mudança estilística coincidiu com a mudança física da redação do *Diário Carioca*. Em 1951, a velha sede da avenida Presidente Vargas havia sido vendida justamente para o *Última Hora* que Samuel Wainer estava criando. O *Diário Carioca* passou a funcionar, então, na esquina de avenida Rio Branco e rua São Bento. Como toda criança bonita, em geral, a revolução do lead em terras brasileiras tem vários pais. Além de Jobim, o chefe de redação Pompeu de Souza e o chefe de reportagem Luís Paulistano, que, de quebra, teria inventado o sublead (segundo parágrafo, a sustentar o lead). Os dois primeiros estiveram, primeiro Jobim, depois Souza, na Universidade de Columbia, em Nova York, onde teriam se encharcado da objetividade e da neutralidade decorrentes da técnica do lead.

O novo estilo se contrapôs ao velho estilo romântico, que um Nelson Rodrigues já tarimbado ecoaria em suas crônicas cheias de escândalos e exageros. O suicídio de Vargas surgiu bem no meio dessa transição. Com alguma licença poética e uma mesóclise – ambos agradariam em cheio aos redatores de *A Manhã* – poder-se-ia dizer que, depois dele, os jornais brasileiros tratariam o assunto de maneira diversa. Não foi bem isso que aconteceu, claro. No entanto, o texto nos conformes do lead foi paulatinamente obrigando redatores e repórteres a abrir mão do exagero e da fantasia, preparando o terreno para a irrupção de uma palavra inexistente no vocabulário de qualquer redação de jornal em 1954: ética.

No *Manual de redação e estilo* de *O Globo*, organizado e editado pelo jornalista Luiz Garcia, a única e breve menção direta ao suicídio surge exatamente no capítulo denominado "Questões éticas": "O jornal evita noticiar suicídios de desconhecidos, exceto quando o fato tem aspectos fora do comum." Na introdução a "Segurança", porém, quesito que engloba do procedimento de *O Globo* em relação à morte voluntária aos casos de seqüestro, o manual afirma que, se houver risco para a segurança de pessoa inocente, deve-se "omitir informações que criem ou aumentem esse risco".

Cabe ao jornal informar-se para decidir, sempre por conta própria, se a notícia é realmente perigosa. Esse princípio tem aplicação freqüente, mas não obrigatória, em casos de seqüestros. Leva-se em conta o fato de que o respeito à privacidade de alguém tem um preço: significa uma informação sonegada ao público (que, por exemplo, tem o direito de saber que há uma onda de seqüestros na cidade); em contrapartida, é difícil conceber notícia tão importante que justifique a probabilidade de perda de uma vida.[9]

O texto insinua, em expressões como "criem ou aumentem esse risco" e "se a notícia é realmente perigosa", a persistência da noção de contágio ou de imitação. Luiz Garcia, ex-editor-chefe e de Opinião, atual colunista, 71 anos de idade, 54 de profissão (começou como repórter na *Tribuna da Imprensa* de Carlos Lacerda, cobrindo parte do julgamento de Gregório Fortunato) e 33 de *O Globo*, diz: "Eu sempre entendi, e foi a política geral do jornal, a idéia de que há muita gente que é suicida de imitação. Noticia-se o menor número de suicídios e só se noticia aquele que tem uma importância, uma referência histórica qualquer." Essa última frase não deve ser entendida como um sinônimo para suicídio de celebridades. A morte voluntária de uma pessoa desconhecida também pode ter uma relevância histórica que a ultrapasse. Garcia exemplifica com os suicídios em prisões. Segundo ele, é necessário noticiá-los. Primeiro, porque é comum o homicídio disfarçado de suicídio, o que exige investigação das autoridades. Depois, porque, se confirmado o suicídio, a morte pode ser uma informação relevante sobre as condições de vida no sistema carcerário brasileiro.

As diferenças de interpretação das próprias normas de redação estão presentes dentro de cada jornal. Contudo, em geral elas são aplainadas antes de o produto chegar às bancas. A despeito do que diz o *Manual de redação e estilo* sobre o assunto, a percepção da maioria dos jornalistas de *O Globo*, bem como de boa parte dos seus leitores, é a de que notícias de suicídio simplesmente não são publicadas – o que não corresponde à verdade. Afinal, o importante na filtragem desse tipo de fato, já propunha Durkheim, é o modo como é tratado. Esses filtros são criados ou destruídos informalmente, no dia-a-dia dos fechamentos.

A visão que o diretor de redação Rodolfo Fernandes, 45 anos de idade, 27 de profissão e 18 de *O Globo*, tem da suposta periculosidade das notícias sobre suicídio, por exemplo, é distinta da de Garcia. Em meados de 2005, na inexistência de qualquer imposição oficial de silêncio, ele reafirmou aos seus subordinados que o jornal noticia suicídios, desde que, naturalmente, eles preencham os pré-requisitos da relevância jornalística. Fernandes desconfia que o silêncio em torno do suicídio seja mais religioso que contagioso. Para ele, o silêncio abarcaria até a presumida exclusão do assunto da pauta: "Era uma dessas regras não-escritas da imprensa. Não sei como começou. Só sei que dizíamos assim: 'Não publicamos suicídio.' No próprio dia-a-dia, em decisões que nós fomos tendo de tomar, a regra não-escrita foi sendo abolida. Não há motivo para não noticiar um suicídio, sendo que você noticia coisas muito mais violentas, agressivas e potencialmente destrutivas para a moral da sociedade. Até porque esta é uma longa discussão na imprensa. O que se publica que vai gerar danos à sociedade?" Grande quantidade de leitores, por exemplo, acha que existe violência porque os jornais a noticiam.

O diretor-executivo Agostinho Vieira, 47 anos de idade, 27 de profissão e 22 de *O Globo*, cinco deles passados no comando da editoria Rio, interpreta as normas do jornal de modo um pouco diverso dos de Garcia e Fernandes. "O suicídio é um ato pessoal, íntimo, desesperado, maluco e talvez até libertador, dependendo da crença de cada um", diz. Se este ato fica limitado à decisão íntima e não interfere na vida de outras pessoas, da cidade ou do país, o jornal deve respeitar e não se envolver nisso. "Claro que existe o temor de que a publicação de uma notícia de suicídio sirva de 'inspiração' para alguém, mas esse não é o motivo ou o critério principal", acredita Vieira. Segundo ele, mesmo porque o temor de que a notícia seja "contagiosa" não se limita aos suicídios.

Vieira recorda, porém, uma das notícias de suicídio publicadas quando de sua passagem pela editoria local – aliás, uma das notícias mencionadas nas normas de redação do concorrente *O Dia*.[10] Em 17 de maio de 1990, *O Globo* publicou, em detalhes, a história de Celestino José Rodrigues Neto, o Netinho, de 14 anos, que se matou com o revólver calibre 38 do pai, sargento da Aeronáutica. Dias antes, ele fora surpreendido colando de um livro de geografia durante uma prova no Colégio Militar, onde cursava a oitava série do Ensino Básico. Tirara zero e havia sido punido publicamente – com seis dias de suspensão e a perda de seis pontos no quesito "comportamento" – durante a formatura semanal de sua turma. Achou que submetera sua mãe a uma grande humilhação e entrou em depressão. Deixou uma carta-testamento, matou-se com um tiro na cabeça e virou notícia, cujo texto foi assinado pelo repórter Múcio Bezerra.

Reproduzida de maneira integral pelo jornal, na sua carta de despedida, endereçada à mãe, Magda Rego Rodrigues, Netinho pedia desculpas por ter sido o responsável pela sua humilhação, eximia o colega Clóvis de culpa no episódio, atribuía o problema a dois outros alunos e destinava os seus pertences aos parentes e aos amigos. "O skate e o quadro para o meu melhor amigo, Marcos Gadelha de Lima (Bolão). A bicicleta, a prancheta e os álbuns para o meu segundo melhor amigo, Marcelo Gomes de Lima (Bolinha)", escreveu o garoto, num dos trechos. Depois, agradeceu à mãe: "Obrigado pela vida que você me proporcionou até hoje." Não houve dúvida sobre a publicação da notícia do suicídio de Netinho. Segundo Vieira, justamente pelo interesse coletivo: "Era uma história emocionante e foi muito bem contada pelo Múcio. Envolvia o Colégio Militar e o rigor das cobranças do colégio e dos pais. Ou seja, um drama envolvendo muita gente."

Para Fernandes, a notícia de um suicídio não se distingue em essência de qualquer outra notícia. Cada uma deve ser avaliada dentro de seu próprio contexto. "Um pobre coitado" que pula da ponte Rio–Niterói talvez não mereça registro, "um[*a nota no*] colunão na [*editoria*] Rio", se tanto. Contudo, se o mesmo saltador estiver sendo perseguido pela polícia, depois de assaltar um banco, a história já é outra e terá de ser avaliada em sua singularidade.[11] "Como sempre em jornal, você tem de estar atento ao bom gosto, em não expor violências desnecessárias, coisas gratuitas, mesmo dentro do enorme contexto de violência que a cidade tem", afirma o diretor de redação de *O Globo*. Pelo fato de um suicídio ser considerado, em princípio, "um ato íntimo, pessoal e desesperado", ele é igualado a outras notícias que o jornal opta por não publicar em respeito à privacidade. "Nessa linha, também não publicamos a notícia de um político muito famoso e conceituado que tem um filho fora do casamento", exemplifica Vieira. A idéia geral é a de que notícias assim em nada interferem na vida da sociedade.

O bom senso – que remete à "opinião comum" de Tocque-ville – também faz parte da argumentação de Garcia, que, diferentemente de Fernandes e em concordância parcial com Vieira, crê no efeito multiplicador do noticiário sobre suicídio: "Outro fator que deve ser considerado é a proximidade. O suicídio do cantor de rock australiano vai ter muito menos efeito propagador, digamos assim, do que se o Cauby Peixoto se matar. O risco de reflexo é muito maior. O bom senso faz com que as decisões da grande imprensa tendam a coincidir."

Houve, no entanto, um caso de suicídio, em que jornalistas de ao menos duas publicações se comunicaram de modo a estabelecer um procedimento comum em relação a um de seus aspectos: o do médico e escritor Pedro Nava. Por volta das 23h30 do dia 13 de maio de 1984, ele se matou com um tiro de revólver na cabeça. Estava sentado num meio-fio da Glória, próximo a uma área em que prostitutas e travestis fazem ponto. Tinha 80 anos, estava a dias de receber o título de Cidadão Fluminense (era mineiro) da

Assembléia Legislativa e mal havia começado a escrever o sétimo volume (intitulado *Cera das almas*) da monumental obra memorialística iniciada com *Baú de ossos* em 1972.

O suicídio de um personagem de tal magnitude não poderia passar despercebido nas redações dos jornais. Ainda assim, e embora Nava tenha escolhido uma via pública para consumar o ato, houve dúvidas sobre a maneira de noticiar sua morte. Para Luiz Garcia, a cultura de não publicar notícias de suicídios estava tão arraigada em 1984 que quase venceu o dever jornalístico. "Num primeiro momento, houve uma tendência a não dizer que era suicídio", lembra. "Depois, chegou-se à conclusão de que tinha de dar o suicídio, porque certas pessoas têm tanta importância que não se pode omitir este fato." O caso virou referência.

A publicação de que Pedro Nava havia se matado, entretanto, estava longe de encerrar a questão. Faltava explicar, ou não, o que o levara a se matar. Cerca de duas horas e meia antes de ele ter feito o disparo contra a própria cabeça, Nava recebeu um telefonema que o deixou perturbado. Sua mulher, Nieta, para quem acabara de ler o discurso de agradecimento pelo título de Cidadão Fluminense e que atendera a ligação, reparou que, depois de ouvir o que o homem do outro lado da linha tinha a dizer, Nava parecia ter sido vítima de algum abalo, alguma chantagem. Contudo, ela foi ao banheiro e ele se aproveitou disso para pegar o revólver numa gaveta e sair sem se despedir, pela porta dos fundos do apartamento do casal na Glória. Antes da meia-noite, Pedro Nava estava morto.

Já no dia seguinte chegou às redações o boato de que Nava se matara porque estava sendo ameaçado de ter a homossexualidade divulgada por um garoto de programa com quem se relacionara, um certo "Beto da Prado Júnior". As equipes das diversas publicações saíram a campo para apurar se aquilo era ou, ao menos, tinha a possibilidade de ser verdade. Então chefe da sucursal da revista *IstoÉ* no Rio, o jornalista Zuenir Ventura, hoje colunista de *O Globo*, narra o episódio em seu livro de memórias, *Minhas histórias dos outros*. Dois jornalistas da revista, Artur Xexéo e José Castello, foram encontrar o tal Beto e voltaram à redação impressionados com o relato do rapaz, que colocava a culpa da chantagem num outro garoto de programa, chamado a participar dos seus encontros com Nava. Quase ao mesmo tempo, na redação da concorrente *Veja*, o relato de Beto também impressionara os jornalistas Flávio Pinheiro e Dácio Malta, respectivamente chefe e subchefe da sucursal carioca. Zuenir rememorou:

> Entre dois fogos, eu continuava em dúvida. Liguei então para o Flávio Pinheiro ... Tanto quanto nós, eles dispunham apenas da versão do rapaz. Normalmente, concorrente não consulta concorrente, a não ser para coisas menores: uma declaração que o repórter perdeu numa coletiva, trecho de um discurso. Nunca para tópicos mais relevantes, menos ainda para tratar da edição – de como se vai dar uma matéria. Mas aquela era uma situação nova para nós dois.[12]

As redações, então, se dividiram internamente entre os que queriam apurar mais para confirmar ou refutar a versão de Beto e os que queriam simplesmente ignorar a questão da homossexualidade de Nava. Pesadas as opções, ganhou a de não mencioná-la na ocasião.[13] Para Garcia, omitir esse detalhe equivaleu a renunciar a explicar toda a história: "Como vão se fazer os livros de história depois? Se o cara vai aparecer em livro de história, em antologia, se o cara vai ser citado em alguma coisa, já é obrigação não tirar isso da biografia dele." Citado por Zuenir, o jornalista Humberto Werneck, então na *IstoÉ*, não teve qualquer influência na não-publicação da informação pela revista, mas hoje faz uma autocrítica importante: "Sinto vergonha das futuras gerações, da geração dos meus filhos, sinto vergonha do futuro biógrafo de Pedro Nava quando fosse remexer no assunto, já distante da circunstância: eu era jornalista naquele momento e fui a favor de sonegar ao leitor uma informação importante." Para Zuenir, o fantasma de Nava ainda assombra as redações porque "encerra uma das questões éticas mais complexas do jornalismo: os limites entre aquilo que é público e cujo conhecimento é um direito de todos – e um dever do jornalista divulgar – e o que, por pertencer à esfera privada, deve ser mantido como tal". Segundo o jornalista, Nava era um homem público, que escolhera uma via pública para praticar um gesto que, ele deveria ter plena consciência, teria repercussão, chegaria à imprensa e seria investigado.

> O ato final de sua tragédia foi exposto como um espetáculo de rua. ... Hoje, acho que os jornais e revistas teriam publicado mais do que publicamos, embora se deva admitir que ainda cultivem uma boa dose de tabus e interditos morais.[14]

Tabus e interditos morais se modificam, conforme se modificam as circunstâncias objetivas da vida em sociedade, na qual a imprensa desempenha um papel simultâneo de formadora e de repetidora de opinião. No presente, porém, dada a profusão de fontes de informação, ficou muito mais difícil cobrir de silêncio qualquer assunto, inclusive a morte voluntária. É a opinião do colunista Ancelmo Gois: "Há não muito tempo, o figurão ligava para o doutor Roberto Marinho aqui em *O Globo*, ligava para o doutor Nascimento Brito no *Jornal do Brasil* e ligava para o doutor Ary de Carvalho em *O Dia* e pedia que não noticiassem o suicídio da mulher dele. Era atendido. Hoje, enquanto está dando os telefonemas, os sites, as rádios e os canais de TV por assinatura, em desabalada competição pelo furo, já estão noticiando o fato. A informação circula mais e mais rápido." Outra vez, vê-se como há uma relação dialética entre sociedade e imprensa, em que uma interage sobre a outra, algo bem mais complexo do que uma mera relação emissor–receptor.

Em *La construcción de la noticia*, o professor catalão Miquel Rodrigo Alsina defendeu a idéia de que é muito possível que os meios de comunicação de massa não tenham o poder de transmitir às pessoas como elas devem pensar ou atuar, mas conseguem impor ao público o que ele há de pensar. Pode-se então afirmar que a eficácia do discurso jornalístico informativo "não está na persuasão (fazer crer) ou na manipulação (fazer fazer), mas simplesmente em fazer saber".[15]

Em 2004, *O Globo* decidiu "fazer saber" ao seu leitor 142 referências ao tema suicídio. Quase a metade, 60, dizia respeito ao suicídio do presidente Getúlio Vargas, que completava meio século naquele ano. Para lembrá-lo, o jornal inclusive publicou, no dia 22 de agosto de 2004, um caderno especial de 16 páginas. Durante todo o ano, porém, o suicídio foi mencionado. Parece muito. E é. Trata-se, no entanto, de um suicídio fixado no passado, épico, altruísta. Ao matar-se por uma causa maior que a sua própria vida, "o Brasil, o povo", Getúlio Vargas de certa forma se inocentou do pecado de ter infringido um tabu. A linguagem utilizada pelo editorial do dia do 50º aniversário da sua morte admite:

> Poucos fatos da história se eternizaram como o suicídio do presidente Getúlio Vargas. O tiro que Vargas disparou no coração na manhã de 24 de agosto de 1954, talvez o gesto pessoal mais ousado da crônica da nossa República, transcende o ato em si. Além de sacramentar a entrada de Vargas na história como uma espécie de mártir do povo – como ele próprio intuiu e registrou na carta-testamento – o suicídio teve até mesmo o poder de adiar por uma década uma ruptura institucional cujas raízes, profundas, vinham do movimento tenentista da década de 20.[16]

Outros sete textos publicados por *O Globo*, também em 2004, se referiam a suicídios ou supostos suicídios ocorridos no passado mais ou menos recente. Cinco deles trataram da morte suspeita do jornalista Vladimir Herzog nas instalações do DOI-Codi de São Paulo, de 24 para 25 de outubro de 1975. Seu cadáver "suicidado", com marcas de tortura, à época gerou uma crise no seio da própria ditadura militar, instalada em 1964, e ao qual o editorial de *O Globo* sobre Vargas se refere indiretamente. A retomada do assunto, 29 anos depois, foi propiciada pela publicação, no *Correio Braziliense*, de fotos de um homem ainda vivo, nu e desconsolado no DOI-Codi: provavelmente o então diretor de jornalismo da TV Cultura. A sua viúva, Clarice Herzog, reconheceu-o. Para a Agência Brasileira de Informação (Abin), entretanto, o homem na foto não seria Herzog, mas outro investigado pelos órgãos de segurança da ditadura, não em 1975, mas em 1974. Contudo, a identidade desse suposto outro preso não foi esclarecida.

Além de Vargas e Herzog, dois outros suicidas ou supostos suicidas do passado foram objeto de reportagens de *O Globo* durante o ano de 2004: Tito de Alencar Lima, o Frei Tito, e Iara Iavelberg. O primeiro enforcou-se em L'Arbreste, no sul da França, em 1974. Segundo decisão da Comissão Especial de Mortos e Desaparecidos Políticos, tomada em 10 de agosto (e registrada no jornal na edição do dia seguinte), sua família ganhou direito a indenização porque concluiu-se que seu suicídio decorreu das seqüelas físicas e psicológicas deixadas pelas torturas a que foi submetido pela ditadura militar. Já Iara se matou a bala em Salvador, Bahia, em 1971. Segundo a mesma comissão, em decisão anunciada por *O Globo* a 1º de dezembro, a última companheira do guerrilheiro Carlos Lamarca se suicidou porque estava acuada pelo Exército no seu encalço. A família de Iara também ganhou direito a indenização do governo. No caso dela, a reportagem de Evandro Éboli, da sucursal do jornal em Brasília, mencionava ainda o tabu religioso enfrentado pelos Iavelberg. No ano anterior, sua mãe e seus três irmãos haviam obtido na Justiça o direito de exumar o corpo de Iara justamente porque contestavam a versão oficial para sua morte. Queriam retirar seus restos mortais da afastada ala dos suicidas no Cemitério Israelita de São Paulo e levá-los para o jazigo da família. A notar que, além da função precípua de reparação histórica, as duas decisões da Comissão Especial de Mortos e Desaparecidos Políticos cumpriram outra missão, simbólica, mas não menos importante: de certa forma, os absolveram de seu próprio suicídio.

Das restantes 75 menções, 36 referem-se ao suicídio de maneira mais ou menos genérica, por tratar do tema ou em abstrato ou fazendo referência a acontecimentos distantes no passado. Foram estudos (por exemplo, sobre o aumento do número de suicídios entre os soldados norte-americanos no Iraque), entrevistas (com o cientista político alemão Rolf Tophoven, sobre o ataque terrorista islâmico a uma escola de Beslam, Ossétia do Norte), artigos (do cronista Luis Fernando Verissimo e do jornalista Ali Kamel), recapitulações (uma nova hipótese ligando o Brasil ao atentado à Associação Mutual Israelense Argentina, em Buenos Aires, no ano de 1994, no qual morreram 85 pessoas) e ameaças de homens-bomba (contra o estádio Old Trafford, do Manchester United).

Ou seja, só 39 no total de 142 referências foram sobre suicídios ou supostos suicídios de fato ocorridos em 2004. Ainda assim, destas, apenas pouco mais de 25% – dez – ocorreram fora do contexto de atentados terroristas. Todas as outras 29 noticiaram a morte em ação de militantes radicais no Paquistão, no Afeganistão, no Iraque, na Palestina, em Israel, na Turquia, na Rússia, na Espanha e até na Bolívia. Com exceção desta última, efetuada por um mineiro desempregado no Congresso boliviano,[17] em La Paz, no dia 30 de março, as outras 28 foram praticadas por muçulmanos, o que poderia "fazer saber" ao leitor algo enganoso, ou seja, que o Islã seria leniente com a morte voluntária. Isso não é verdade. No islamismo, a condenação do suicídio é similar à do judaísmo e à do cristianismo.

Mais especificamente ainda, desses únicos dez casos (sendo que um envolve as mortes de nove jovens japoneses que fizeram um pacto) de suicídio não associado a terrorismo, apenas três foram cometidos no estado do Rio de Janeiro, um em São João de Meriti, o outro em São Pedro d'Aldeia e o terceiro na capital. O que nos leva à questão da proximidade levantada por Garcia.[18] Se a possibilidade de um dado suicídio despertar, no bojo da reação a ele, um outro suicídio (configurando o "contágio" ou a "imitação") está na proporção direta da proximidade com quem o cometeu, faria sentido que dos 96 casos registrados pela pesquisa do Ministério da Saúde que visava estabelecer o ranking das cidades brasileiras com mais mortes violentas[19] só um tenha sido registrado no jornal.

Essa, ao menos, seria uma boa teoria conspiratória. Porque uma porcentagem certamente maior dos 2.220 homicídios anotados pela mesma pesquisa no Rio de Janeiro em 2004 chegou às páginas de *O Globo*. Embora não adote a linha popularesca do "se espremer, sai sangue", raro é o dia em que o jornal não traga a notícia de ao menos um assassinato. Logo, de alguma forma, teme-se mesmo que a publicação da notícia de um suicídio estimule algum leitor a cometer outro suicídio. Ao passo que a de um assassinato é tida como inócua.

Em *Ideologia e técnica da notícia*, o jornalista e professor Nilson Lage destacou seis itens que, no campo da avaliação empírica, estabelecem se uma notícia merece ou não ser publicada, isto é, se ela vai ou não interessar ao leitor. São eles a proximidade, a atualidade, a identificação, a intensidade, o ineditismo e a oportunidade. Trocando em miúdos, cada notícia publicada correlaciona internamente um, dois ou vários desses itens, criando aí um valor jornalístico.

Como, segundo Alsina, "a noticiabilidade dos acontecimentos é uma valoração assumida socialmente, embora não necessariamente compartilhada", cabe ressaltar que a proximidade pode ser mais do que apenas física. Se o homem se interessa sobretudo pelo que ocorre ao seu redor, este "ao seu redor" implica tanto um espaço físico quanto imaginário – cultural ou político, por exemplo. Logo, o "próximo" pode ser tanto o padeiro vizinho que comete o suicídio quanto, também, dependendo do caso, o personagem romântico de uma novela alemã do século XVIII ou um roqueiro angustiado de Seattle.[20]

No caso específico das notícias de *O Globo* em 2004, essa proximidade, ou "proximidade", que decidiu pela publicação por conta do valor jornalístico vai do estilista famoso que (supostamente) se matou no Arpoador ao desempregado que ateou fogo às vestes em Brasília, passando pelos nove jovens japoneses. Esse caso, aliás, é o único dos dez episódios não relacionados a terrorismo em que, inclusive pelo número de mortes e pela distância física, os suicidas não foram enterrados pelo jornal ainda portando nome, sobrenome, humanidade. Se passarmos do terreno da metáfora para o da literalidade, tal deferência é um luxo um tanto recente. Em *Tabu da morte*, o antropólogo José Carlos Rodrigues lembrava que, nos cemitérios das cidades européias do século XIV, o mortal comum sobrevivia de forma simbólica apenas na grande cruz central, na qual, por vezes, inscrevia-se um epitáfio coletivo.

Conquanto a identidade de um ou outro terrorista suicida (altruísta) possa vir a ser estabelecida, com freqüência em "vídeos de martírio" preparados antes da ação, a reclamar a autoria dos atentados e um lugar no paraíso, o que sempre lhe é negado é o direito à humanidade. Logo, também é negado a ele o direito ao nome. Isso diz respeito não somente ao caráter "desumano" – termo bastante autobenevolente, posto que apenas o bicho-homem comete atos desumanos – de sua ação, mas também à velha idéia de que o suicídio tem algo de "sobre-humano" – de louco ou de demoníaco. No dia-a-dia, não raro a morte do homem-bomba sequer é computada entre as causadas pela própria ação terrorista. Não foi o caso, no entanto, do mineiro boliviano:

> Três pessoas morreram dentro de um anexo do Congresso da Bolívia depois que um suicida detonou explosivos que levava junto ao corpo, na tarde de ontem. Além do suicida – um mineiro desempregado – morreram na explosão dois policiais que tentavam negociar com ele.[21]

A ambigüidade quanto à inclusão da morte do suicida ou dos suicidas entre as vítimas de sua própria ação pode ter o propósito de apaziguar a consciência do leitor, de afastá-la do fato de que ao menos uma daquelas pessoas – que no Iraque ocupado por vezes atingem a casa das centenas – morreu voluntariamente. O choque pela brutalidade de sua ação soterra essa evidência perturbadora. O que acontece, portanto, é duplamente ambíguo. O terrorista suicida é condenado, mas não pela sua própria morte. Assim sendo, seu fim individual pode ser desinfetado e inscrito na ordem da normalidade e se tornar inócuo. Ao menos, claro, para o "distante" leitor brasileiro. Porque são conhecidos os efeitos multiplicadores das suas ações e, logo, dos seus suicídios, entre os jovens árabes sem perspectivas que vêem no martírio islâmico um atalho para o paraíso.

No ano de 2004, apesar das suspeitas iniciais, os atentados do 11 de Março, em Madri, que mataram 191 pessoas, não foram cometidos por homens ou mulheres-bomba ligados à rede al-Qaeda. Os explosivos foram acionados a distância, por celulares. Na caçada policial aos terroristas, porém, cinco deles, cercados num apartamento da capital espanhola, cometeram suicídio. Notícia mais típica foi, apenas por exemplo, a publicada por *O Globo* no dia 23 de setembro, sobre um atentado ocorrido na véspera contra guardas de fronteira israelenses em Jerusalém, cometido por uma mulher-bomba palestina de apenas 18 anos.

Excepcional nas circunstâncias é que à suicida tenha sido dado um nome: Zeinab Ali Issa Abu Salem. Naquele momento, tratava-se do primeiro atentado do tipo na cidade em sete meses. Por isso, a matéria não foi escondida. Ocupou seis colunas no meio de uma página da editoria internacional. Quem a "fechou" julgou-a – de uma forma ou de outra levando em conta os mesmos itens de avaliação empírica que Lage chama de atualidade, ineditismo (no caso, pelos últimos sete meses) e oportunidade – merecedora não só desse espaço, como ainda de uma foto colorida. Nela, vê-se um dos 17 feridos no atentado sendo socorrido.

Foi na linguagem utilizada para traduzir o material enviado pelas agências internacionais de notícia que se apresentaram os estratagemas característicos, embora dificilmente conscientes, para se desviar o foco do suicídio da terrorista. A morte de Zeinab está tão-somente subentendida na descrição de sua ação. Ela nem sequer foi contabilizada entre as duas ocorridas no atentado. A própria palavra "suicida", aliás, aparecia apenas uma vez, no título, lugar de destaque, mas apenas ali: "Palestina suicida mata 2 em Israel." O subtítulo especificava: "Jovem de 18 anos detona bomba em Jerusalém pela primeira vez em sete meses."

> JERUSALÉM. Uma mulher-bomba palestina matou ontem dois policiais de fronteira israelenses e feriu outras 17 pessoas num atentado em Jerusalém, o primeiro do tipo em sete meses na cidade. Paralelamente, o primeiro-ministro Ariel Sharon anunciou que a retirada unilateral israelense dos 21 assentamentos da Faixa de Gaza e de quatro na Cisjordânia começará em meados de 2005 e durará um ano.
>
> O ataque ocorreu no bairro de French Hill, na parte oriental da cidade, habitada majoritariamente por árabes e tomada da Jordânia em 1967. A palestina Zeinab Ali Issa Abu Salem, de 18 anos, aproximou-se de um ponto de carona usado por soldados e, ao ser abordada pelos policiais, detonou os explosi-

vos que levava numa bolsa. Os guardas de fronteira Menaché Komami, de 19 anos, e Mamoya Tahyo, de 20, morreram.

– Ela jogou o corpo para trás e houve a explosão – contou uma testemunha, Debbie Segal, à Rádio do Exército.

As Brigadas dos Mártires de al-Aqsa disseram que o atentado foi uma resposta à morte de cinco de seus militantes pelo Exército israelense em Nablus na semana passada. A mulher-bomba era do campo de refugiados de al-Askar, na Cisjordânia, tinha nove irmãos e, segundo sua família, acabara de passar nos exames do Ensino Médio.[22]

Zeinab de certa forma comprovava um estudo publicado na revista *New Scientist* e repercutido no próprio *O Globo*, na edição de 13 de maio. Nele, o autor, Michael Bond, dizia que a imagem estereotipada dos terroristas suicidas como fanáticos religiosos não corresponde à verdade. Ele analisou 500 atentados em que o terrorista se matou, ocorridos no mundo todo desde 1980. Para Bond, "este tipo de terrorista não é menos racional ou está menos mentalmente são. Não tem um menor nível de educação nem é mais pobre. Tampouco é mais religioso do que os outros terroristas". Isso, no entanto, estava longe de ser uma boa notícia. Ao contrário, o resultado era mais alarmante do que o estereótipo porque aumentava muito o campo de surgimento para terroristas suicidas. "Havendo as circunstâncias adequadas, qualquer um pode se tornar um terrorista", escreveu Bond. Em outras palavras, qualquer um também pode se tornar um suicida.

Segundo Bond, as circunstâncias adequadas seriam a formação, pelas organizações, de pequenos grupos de voluntários que se tornam alvo de intensa doutrinação ideológica. "Esse sentido de serviço à comunidade, em especial a uma irmandade de companheiros, é a razão mais importante pela qual se persuadem pessoas racionais a se converterem em terroristas suicidas", concluiu. Destaque-se que a "nova" proposição era inteiramente compatível com o que Durkheim havia escrito em *O suicídio*, mais de um século antes: o homem mata-se por ser integrado demais (caso dos terroristas) ou de menos à sua sociedade.

Ou ao seu grupo. A 3 de março, *O Globo* havia dedicado uma página inteira àquele que, como dizia o título da matéria, era "O dia mais sangrento no Iraque" até então, isto é, desde a queda do ditador Saddam Hussein e da ocupação do país por forças anglo-americanas. Na véspera, uma série de ataques na capital, Bagdá, e em Karbala havia matado mais de 180 pessoas e deixado quase 500 feridas. Em ambas as cidades, os homens-bomba se infiltraram em multidões que festejavam a Achura, maior festa do calendário dos xiitas. Nela, lembra-se a morte do imã Hussein, neto do profeta Maomé, numa batalha perto de Karbala, no ano 680, batalha travada por ele se recusar a jurar lealdade ao califa Yazid, da dinastia rival dos omíadas. Hussein foi decapitado e sua cabeça levada para Damasco. O fato marca a separação definitiva entre muçulmanos sunitas, seguidores da tradição, e xiitas, seguidores de Ali, pai do imã morto e genro de Maomé.

O outro Hussein famoso, Saddam, enforcado em dezembro de 2006, pertencia à minoria sunita do Iraque e durante o seu governo (1979-2003), a festa foi proibida em todo o país. O principal suspeito pelo planejamento dos atentados de 2 de março de 2004, porém, era o terrorista jordaniano Abu Musab al-Zarqawi, braço da rede al-Qaeda no Iraque, morto por tropas norte-americanas em 2006. Dada a dimensão dos atentados, não há o nome das vítimas ou dos terroristas. Estes são mencionados brevemente no meio do texto.

> Mais de dois milhões de fiéis se reuniram em Bagdá e Karbala para os festejos, os primeiros em décadas, pois eram proibidos por Saddam. Na capital, três terroristas suicidas mataram 70 pessoas perto da mesquita de Kadhimiya. Um quarto terrorista foi preso antes de detonar os explosivos que levava consigo.
>
> – Vi um homem andar para dentro da multidão e explodir. Ele simplesmente dissolveu-se no ar – contou um zelador da mesquita.
>
> Após as explosões, uma multidão de milhares de pessoas marchou até uma base americana e atacou os soldados com pedras.
>
> Em Karbala, a chacina foi responsabilidade de um único suicida, junto com morteiros e explosivos escondidos na multidão. Pelo menos 112 pessoas morreram em seis explosões ocorridas por volta das 10h (hora local).[23]

Nesse texto, diferentemente do relativo ao atentado executado pela jovem palestina, há referências a suicidas. Os quatro terroristas (três em Bagdá e um em Karbala) são assim qualificados, bem como é mencionado um quinto, que não conseguiu detonar os explosivos que levava consigo e foi preso na capital. Tal qual a de Zeinab, porém, suas mortes são apenas sugeridas, recebendo uma ligeira ênfase graças à cinematográfica descrição do zelador da mesquita de Khadimiya ("dissolveu-se no ar"). Em ambos os casos, o essencial da notícia está no resultado do ato terrorista e não também no fato de que ele próprio fora, por assim dizer, detonado por quatro suicídios em nome da fé. Assim, o leitor pôde continuar a ler o jornal, tranqüilo, sem atentar para o caráter política e existencialmente radical desse "detalhe". Neutralizou-se, no processo, a própria universalidade do suicídio. Ele se tornou (mais uma vez) coisa de fanático, de maluco, do Outro.

O mesmo subtexto está presente na esmagadora maioria dos dez casos não relacionados ao terrorismo, como a descoberta dos corpos dos nove jovens japoneses dentro de dois carros alugados. No dia 13 de outubro, *O Globo* noticiou que a polícia encontrara, numa caminhonete estacionada perto de Saitama, 50 quilômetros a oeste de Tóquio, quatro homens e três mulheres, com idades variando entre 20 e 30 anos. Em Kanagawa, 50 quilômetros ao sul da capital do Japão, um carro parado em frente a um templo xintoísta escondia os cadáveres de mais duas mulheres, também jovens. Em ambos os veículos, os mortos haviam vedado as janelas, acendido fogareiros e morrido intoxicados por monóxido de carbono. A linguagem da matéria sobre as mortes voluntárias era direta. Dizia o título: "Pacto suicida entre 9 jovens no Japão." Dizia o subtítulo: "Casos de morte coletiva no país podem ter sido organizados pela internet." O lead é igualmente objetivo:

> TÓQUIO. Os corpos de nove jovens japoneses mortos por asfixia foram encontrados ontem em dois carros alugados, em

> dois lugares perto de Tóquio, no que é provavelmente o maior caso de suicídio coletivo no país. A polícia investiga se as mortes foram organizadas pela internet.[24]

O texto se destacava pela contextualização, pelas informações que complementavam a notícia propriamente dita, da metade para o final. Ficava claro que: a) a polícia não encontrara sinais de violência, o que indicava a livre e espontânea vontade dos suicidas; b) os jovens haviam deixado variadas mensagens anunciando a intenção de se matar, o que indicava a premeditação da ação; e c) os investigadores suspeitavam da ligação de ambos os casos com a internet.

> Recentemente o Japão tem observado uma onda de suicídios nos quais as pessoas usam a internet para buscar companhia para morrer.
>
> Dezenas de sites sobre suicídio foram criados recentemente no Japão e muitos oferecem conselhos de como se matar. No entanto, especialistas dizem que não adianta culpar a internet e que um olhar mais atento deveria ser lançado à sociedade em que os casos ocorrem.
>
> Segundo a polícia, 24 pessoas cometeram suicídio coletivo desde o ano passado, em atos organizados pela internet. Desde janeiro foram 20, contando as vítimas de ontem.[25]

O trecho final do texto parte do que há de específico na notícia da descoberta dos corpos, no dia 12 de outubro, para o quadro maior de suspeição: o de que a internet estaria ajudando a alastrar a idéia do suicídio entre os jovens. Isso no seio de uma sociedade menos horrorizada com a prática do que a ocidental. O contágio aqui se daria, de modo apropriado, como um vírus – de computador. Em outros tempos, contudo, o que torna equivocada a afirmação sobre ser este "o maior caso de suicídio coletivo no país", esse contágio metafórico não era encarado como uma doença e sim como uma honraria. Afinal, na Segunda Guerra Mundial, por fidelidade ao imperador ou por vergonha da derrota, unidades inteiras do Exército japonês cometeram haraquiri, o tradicional suicídio ritualizado.

A seus integrantes se aplica o que Durkheim escreveu sobre o suicídio altruísta: "Se o homem se mata, não é porque se arroga o direito, mas, o que é bem diferente, *porque tem o dever*." Se o indivíduo foge a esse dever, advêm a desonra e os castigos religiosos porque, do mesmo modo que a sociedade veda a morte voluntária de seus membros, ela também pode obrigá-los a se destruir. Para o francês, ao suicida egoísta, ela fala uma linguagem que "o desliga da existência"; ao altruísta, ela "prescreve formalmente abandoná-la". A despeito disso, ao mencionar o Japão em *O suicídio*, Durkheim caiu num etnocentrismo fantasioso, afirmando que os seus habitantes se matavam pelas razões mais insignificantes. "Conta-se até que eles praticam uma espécie de duelo estranho em que os adversários lutam, não usando a habilidade de se atingirem mutuamente, mas a destreza de abrir seus ventres com as próprias mãos", escreveu.

Uma notícia em *O Globo* no dia 10 de agosto falava de dois casos de suicídio interligados, mais próximos do público leitor, seja geograficamente (ocorreram na Grécia), seja circunstancialmente (ocorreram a dias da abertura dos Jogos

Olímpicos de Atenas e envolviam dois atletas gregos), seja, ainda, emocionalmente (derivavam de uma prosaica discussão entre namorados). No sábado anterior à publicação da notícia, 7 de agosto, a judoca Eleni Ioannou, de 20 anos, caíra do terceiro andar de um prédio na capital grega depois de um bate-boca com seu namorado, o estudante e lutador desempregado Giorgos Chrisostomides, de 24 anos. Estava, então, no CTI de um hospital. Embora Eleni não fosse uma das principais atletas gregas na categoria de 78kg, o caso comoveu o país. Apesar de a princípio ter sido considerado suspeito de tentativa de assassinato, Giorgos foi inocentado, mas, deprimido, imitou-a, atirou-se pela mesma janela. Na publicação da notícia, portanto, ele também estava em estado grave, num CTI.

A palavra suicídio não aparecia nem no título ("Um drama abala Atenas às vésperas dos Jogos") nem no lead (que usava, no caso dela, o verbo "caiu" e, no dele, "atirou-se"). Depois de um sublead que tratava do vício de Giorgos em drogas e do seu ciúme doentio da iminente hospedagem de Eleni na Vila Olímpica, com os 440 atletas da sua delegação, a palavra surgia apenas no terceiro parágrafo. Nele, a polícia suspeitava que a moça tentara o suicídio por não agüentar mais a pressão do namorado, mas, por saber que agressões mútuas são comuns nas brigas de casais na Grécia, não afastava de todo a hipótese de assassinato. Depois de narrar as circunstâncias do salto de Giorgos, o texto fornecia, ainda, uma referência distante para o suposto gesto de Eleni, que só viria a morrer duas semanas depois, a 24 de agosto (não há informação sobre morte ou recuperação do rapaz):

> A possível reação de Eleni lembrou Sappho (630 a.C.), uma das grandes poetas líricas gregas. Apaixonada pelo marinheiro Phaeon, Sappho tinha de tudo: carreira, família, inteligência. Porém, não se considerava bonita o bastante para Phaeon. Assim, ela subiu ao pico de uma montanha e, gritando o nome do amado, suicidou-se.[26]

Suicídios por honra, afinal, também não são apanágio oriental. No dia 24 de janeiro, *O Globo* noticiou, em sua editoria de Economia, o suicídio de um assessor financeiro da Parmalat, Alessandro Bassi, de 32 anos, na Itália. O registro se inseria no contexto específico do escândalo de quantias astronômicas na companhia de leite e derivados que, até então, atuava de maneira vigorosa no mundo, inclusive no Brasil – ou seja, como desdobramento de um caso rumoroso. Na verdade, o suicídio de Bassi funcionava praticamente como um "gancho" para atrair a atenção de um leitor que, de outra forma, o jornal correria o risco de perder por exaustão diante de um assunto àquela altura velho de duas semanas nas páginas.

O título, assim, era forte: "Parmalat: assessor financeiro se mata na Itália." E ainda vinha reforçado pelo subtítulo: "Funcionário trabalhava com os ex-diretores Fausto Tonna e Luciano Del Soldato, presos devido a fraudes contábeis." Bassi ocupava os três primeiros parágrafos do material, que totalizava 12 parágrafos, e depois saía de cena, para não mais ser citado, nem nos dias seguintes:

> PARMA E MILÃO. Alessandro Bassi, assessor financeiro da Parmalat, suicidou-se ontem se jogando de uma ponte, na cidade

> de Rubbiano di Solignano, próxima a Parma, segundo informou a polícia. Bassi trabalhava diretamente com os ex-diretores-financeiros da Parmalat Fausto Tonna e Luciano Del Soldato, dois dos 11 presos devido ao escândalo de mais de US$ 12 bilhões em fraudes envolvendo a companhia. A polícia local apressou-se em descartar a hipótese de assassinato.
>
> – É claramente um suicídio. Um pedestre o descobriu – disse um policial.
>
> Bassi, de 32 anos, era empregado do departamento financeiro da Parmalat e foi interrogado por juízes esta semana, mas não estava sob investigação. Em nota divulgada ontem, Enrico Bondi, administrador responsável pela tentativa de reerguer a Parmalat, expressou condolências à família, que, por sua vez, disse a jornalistas que Bassi estava muito estressado com o escândalo financeiro.[27]

O suicídio emerge das palavras como um suicídio de honra, altruísta. Bassi não exerceu um direito ao tirar a própria vida. Pelo contrário, ao agir assim, obedeceu a uma pressão social sobre a sua consciência individual, foi forçado a fazê-lo por vergonha da desonra de estar, de alguma forma, associado a atos ilícitos. O texto de *O Globo*, simultaneamente, se empenha em afastar de modo enfático a suspeita de assassinato, comum nas circunstâncias de uma quadrilha lutando para salvar a pele. Tal movimento é contrário ao que em geral se vê nas páginas dos jornais, o de colocar em dúvida a ocorrência do suicídio.

Havia, inclusive, no farto material sobre a Parmalat naquela página 35, um pequeno *box* de título "Suicídios no mundo corporativo", no qual historiavam-se três casos recentes de mortes voluntárias praticadas por altos funcionários de grandes empresas. O primeiro era o do norte-americano John Clifford Baxter, ex-vice-presidente da notória Enron. O segundo, do sul-coreano Chung Mong-hun, diretor-executivo da Hyundai Asan, braço turístico do grupo Hyundai. Baxter deu um tiro na cabeça. Chung, acusado de ter enviado US$500 milhões para a Coréia do Norte, pulou do seu escritório no 10º- andar. O terceiro era o do japonês Takayuki Kamoshida, presidente do Banco do Japão, o "país do *seppuku* (suicídio ritual)".

Dez dias antes da notícia do suicídio de Bassi, o jornal havia informado sobre a morte voluntária de Harold Shipman, mais conhecido como dr. Morte, médico considerado o maior assassino em série da história da Grã-Bretanha, um personagem de quem, bem ou mal, seus leitores poderiam se sentir mais próximos. Ele havia sido encontrado morto em sua cela na penitenciária Wakefield, em West Yorkshire, no dia anterior, véspera de completar 58 anos. Preso desde 2000, fora condenado, pela morte de 15 pacientes, a 15 penas perpétuas consecutivas. Uma investigação subseqüente, no entanto, revelara que o médico havia matado ao menos 215 pacientes, talvez 260, sobretudo mulheres idosas que viviam sozinhas, com doses letais de heroína, desde 1977. Casado e pai de quatro filhos, ele nunca admitiu os crimes, para os quais, como sói acontecer, havia tentativas divergentes de explicação: para uns, o médico queria brincar de Deus; para outros, ele ficara traumatizado com a morte da mãe, que tinha câncer e tomava heroína para aliviar a dor. Com esse currículo, não causa espanto que o provável suicídio de Shipman ficasse em segundo plano na própria notícia de sua morte.

Funcionários da Penitenciária Wakefield, em West Yorkshire, encontraram-no pela manhã, pendurado numa forca feita com lençóis presos às barras da janela. Eles ainda tentaram reanimá-lo, mas não conseguiram. Shipman esteve sob vigilância em outras prisões porque as autoridades temiam que cometesse suicídio. Mas segundo Jane Parsons, porta-voz do Serviço Penitenciário britânico, ele não parecia oferecer risco à própria vida.

– Seu comportamento não era causa de preocupação. E ele não havia recebido ameaças – contou Parsons.

Embora os indícios apontem para suicídio, será aberta uma investigação.

...

Os parentes das vítimas estavam revoltados com a notícia do suicídio, reclamando que assim nunca saberão por que os pacientes foram mortos.

– Foi uma saída fácil para ele. Shipman nunca demonstrou remorso, e agora a porta está fechada para nós – declarou Jane Ashton-Hibbert, cuja avó, Hilda, foi assassinada.[28]

Nas declarações tanto da porta-voz do Serviço Penitenciário britânico quanto da neta de uma das vítimas de Shipman, encontram-se dois juízos com freqüência associados ao suicídio. Primeiro, que a pessoa precisa demonstrar algum tipo de intenção de se matar para ser de fato vigiada ("não era causa de preocupação"). Segundo, que o suicida foge de alguma coisa ("uma saída fácil"). Uma ignora que a morte voluntária, como Durkheim comprovou pelo cruzamento de estatísticas, é um fenômeno da razão, não da loucura. Outra, que é bastante aceitável um ponto de vista contrário, não-religioso, a de que um suicida está indo de forma voluntária ao encontro de algo que todos os outros tememos. Ademais, embora ele estivesse condenado à prisão perpétua, 15 delas, a ênfase na vigilância aproxima o caso do dr. Morte daqueles de condenados à morte vigiados dia e noite para não fazerem aquilo que o Estado se arroga o direito exclusivo de fazer.

Entre os outros seis casos de suicídio não relacionados diretamente ao terrorismo relatados por *O Globo* em 2004, está o da dançarina brasileira Elizângela Barbosa Guimarães. Ela se matou em Gijón, Espanha, e mesmo sua morte pode ter estado, ainda que de maneira muito indireta, relacionada com os atentados em Madri, meses antes. Portanto, a notícia foi publicada na editoria Mundo, a 14 de dezembro, como *box* de uma matéria maior, na qual José Luis Rodríguez Zapatero, chefe de governo espanhol, acusava seu antecessor, José Maria Aznar, de ter apagado dos computadores da Presidência os registros efetuados entre o dia 11 de março e as eleições de 14 de março, pelas quais os socialistas voltaram ao poder.

O *box* era assinado por Priscila Guilayn, colaboradora do jornal na Espanha. O tom do título – redigido por alguém da equipe no Brasil – contrastava fortemente com o do texto. Um era circunspecto ("Comissão liga morte de brasileira a 11 de março") e o outro, um tanto novelesco:

> MADRI. Seu nome de guerra era Lorena. Trabalhando de dançarina erótica numa casa noturna de Gijón, a brasileira Elizângela Barbosa Guimarães conheceu o marido, importante testemunha nas investigações do 11 de Março, atentado que matou 191 pessoas em Madri este ano. No último dia 3, Elizângela

> teria anunciado a amigos e parentes, em mensagem no celular, que se mataria. Afogou-se no mar Cantábrico, na praia de San Lorenzo, dois dias antes de completar 23 anos.
>
> Embora a autópsia tenha confirmado o afogamento, alguns órgãos dela foram trazidos a Madri para exame toxicológico, ainda sem resultado. Um dos membros da comissão do 11 de Março abriu uma investigação sobre a morte da brasileira.[29]

Daí em diante, a jornalista contava que Elizângela havia chegado à Espanha vinda de Goiás, cinco anos antes. Conhecera o marido, Francisco Javier Villazón, o "Lavandero", quando ambos trabalhavam na boate Club Horóscopo. Ele cuidava das cobras com as quais a brasileira fazia o seu número erótico. Em 2001, ele fora procurado por dois homens interessados em alguém que fabricasse bombas que pudessem ser detonadas por meio de um telefone celular – precisamente o tipo utilizado no 11 de Março de 2004. Villazón tornou-se, então, testemunha contra os terroristas e passou a viver sob a proteção da polícia.

Elizângela tivera um filho com ele (além de dois que já deixara no Brasil) e se separara. O ex-marido foi um dos que recebera, pelo celular, mensagens em que ela avisava que se suicidaria. O então patrão de Elizângela na boate Sagitário, um português identificado como João G., declarou a Priscila Guilayn: "Por volta das 5h de sexta-feira, Lorena saiu do clube com amigas e foi percorrendo bares, discotecas que marcaram a vida dela aqui em Gijón. Foi a lugares que a faziam se lembrar do marido e do filho. Era uma despedida." Segue-se um relato dramático da sua tentativa de impedir que Elizângela consumasse o ato.

Toda a narrativa atraía a simpatia para a infeliz dançarina brasileira e até se aproximava do tipo de texto comum nos jornais brasileiros pré-lead, romanceado. A história se torna tão singular que, mais uma vez, não pode ser compartilhada a ponto de se tornar um foco de contágio. Além disso, segundo a clássica tipologia de Durkheim, é um caso de suicídio egoísta.

Na ópera *Dido & Aeneas*, do compositor inglês Henry Purcell (1659-95), a rainha de Cartago e o príncipe troiano, embora apaixonados, são separados pelo sortilégio de uma feiticeira. A natureza já melancólica de Dido evolui de maneira rápida para a decisão de se matar e ela canta uma ária famosa, *When I am Laid in Earth*: "Quando eu estiver deitada na terra / Que os meus erros não criem/ Problemas em vosso peito/ Lembrai-vos de mim, lembrai-vos de mim/ Mas, ah, esquecei meu destino."[30] O texto sobre Elizângela de certa forma fazia o mesmo que os dois versos finais – que nos lembrássemos dela, mas esquecêssemos seu destino.

No penúltimo dia de 2004, a editoria País noticiou outro suicídio de brasileiro ocorrido no exterior. Por que não a editoria Mundo? Porque a regra interna (não-escrita) de *O Globo* é que fatos envolvendo brasileiros fora do Brasil ainda são assunto das páginas nacionais. Exceções como a de Elizângela – ou de Jean Charles de Menezes, fuzilado pela polícia inglesa no ano seguinte – aparecem nas páginas internacionais apenas se estão de alguma forma vinculados a eventos maiores, como os atentados terroristas do 11 de Março em Madri (2004) ou do 7 de Julho em Londres (2005). O suicídio de Marley Alves Pereira, todavia, tinha uma característica distinta. Ele se matara depois de ter assassinado a ex-namorada, Eliete Barcelos.

> GOIÂNIA. Foi liberado ontem à tarde o corpo da jornalista goiana Eliete Barcelos, de 33 anos, assassinada no fim de semana com um tiro em Atlanta, nos EUA, pelo ex-namorado, o também goiano Marley Alves Pereira, de 27, que se matou em seguida. O corpo será levado para Goiânia, onde será sepultado. Já o enterro de Marley será em Edéia, a 127km de Goiânia.
>
> Os corpos foram encontrados pela polícia de Atlanta em um quarto do Hotel Comfort Inn, na tarde de segunda-feira. A polícia americana informou que os dois morreram no domingo e que o crime foi premeditado por Marley, que foi modelo em Goiás mas trabalhava como preparador de carne numa churrascaria de Miami. Ele teria cortado a linha de telefone e trancado a porta do quarto antes de atirar no rosto de Eliete e contra a própria cabeça. A arma do crime, uma pistola 12mm, foi achada no local.[31]

Homicídios seguidos de suicídio eram, ao menos até a multiplicação dos homens e mulheres-bomba, o tipo mais comum de aparição da morte voluntária na imprensa brasileira. Os casos passionais – como o envolvendo Marley e Eliete – proliferavam nos jornais no tempo de Nelson Rodrigues e das cidades muito menos violentas. Neles, não é incomum que, após eliminar o objeto do seu desejo (a retórica possessiva é deliberada), o sujeito apaixonado aja de forma a se unir a ele na eternidade. Se, como quer Maria Luiza Dias,[32] "o suicídio é um homicídio" nestas circunstâncias, deve ser válido também concluir que "o homicídio é um suicídio". Por outro lado, o suicídio, com toda a pesada carga de interdição que o cerca em nossa sociedade, na qual sua figura emblemática é Judas, também surge, no caso de se seguir a um homicídio, como uma pena imediata, uma danação.

A reportagem de Isonilda Souza, colaboradora de *O Globo* em Goiás, tinha o título "Jornalista brasileira é assassinada por ex-namorado nos Estados Unidos", o que não deixava dúvida quanto à notícia mais importante. O suicídio surgia como coadjuvante, no subtítulo: "Rapaz, que também era de Goiás, suicidou-se com um tiro na cabeça." Depois do lead e do sublead, acima reproduzidos, o texto entrevistava os pais dos mortos e reforçava a idéia de que a notícia era digna de publicação ao destacar a importância de Eliete na comunidade brasileira de Atlanta.

Caso bem mais complexo havia sido publicado no dia 14 de abril: um suicídio que, conquanto à primeira vista pudesse ser bastante contagioso, foi acompanhado pelo jornal como uma pequena novela. O desempregado José Antônio Andrade de Souza, de 40 anos, ateou fogo ao corpo em frente ao Palácio do Planalto "numa tentativa de chamar a atenção do presidente Luiz Inácio Lula da Silva". Teve 85% do corpo queimado e estava, naquela primeira notícia, em estado grave, apesar de as fotos dele sendo socorrido, deitado de costas para cima, com a cabeça levantada, não captarem a gravidade do seu estado. Além de uma chamada ilustrada na página 2, o título da página 12, que encimava a matéria assinada pelo repórter Bernardo de la Peña, da sucursal de Brasília, era bem direto: "Homem ateia fogo ao corpo em frente ao Planalto." O subtítulo enfatizava a gravidade dos ferimentos e o propósito do ato extremo: "Desempregado de 40 anos ficou com 85% do corpo queimado; ele disse que queria chamar a atenção de Lula." O lead dizia:

> BRASÍLIA. Na tentativa de chamar a atenção do presidente Luiz Inácio Lula da Silva, o desempregado José Antônio Andrade de Souza, de 40 anos, ateou fogo ao corpo ontem de manhã na Praça dos Três Poderes, em frente ao Palácio do Planalto. Enquanto Lula recebia um grupo de empresários e representantes das 27 federações de indústria do país, Souza usou um produto inflamável para molhar as roupas e ateou fogo ao corpo. Aos policiais e bombeiros que o socorreram, Souza disse que queria falar com o presidente.[33]

De la Peña utilizava a técnica conhecida como lead de contraste, na qual se contrapõem duas informações de modo a sugerir ao leitor uma idéia, não necessariamente enunciada adiante. No caso, *enquanto* o trabalhador desempregado se imolava na Praça dos Três Poderes, o presidente se reunia com os industriais. Mais adiante, porém, o texto não apenas dizia, citando a assessoria do Palácio do Planalto, que Souza não pedira audiência ao presidente, como ainda informava que Lula ordenara que sua equipe médica se juntasse à do Hospital Regional da Asa Norte, para onde o desempregado queimado fora levado.

Antes disso, haviam sido apresentados outros detalhes: Souza era mineiro, mas morava no Espírito Santo; carregava um cartaz ("Senhor presidente, vendi meu barraco por R$ 800 para falar com você. Roubaram meus documentos, tiraram meu direito de cidadania e estão armando um monte de problemas para mim. Estou perdendo minha família e pedindo meus direitos de cidadão."); sua internação era estimada em um mês e iria requerer acompanhamento psiquiátrico.

O segundo capítulo em *O Globo* do drama, publicado na edição de 19 de abril, marcaria uma dramática reversão de expectativas. Noticiava a morte de Souza – reforçando *a posteriori* a decisão de se ter noticiado a ação. "O desempregado que se imolou na frente do Palácio do Planalto está interferindo na vida do país", diz Agostinho Vieira, citando-o como exemplo de ação que diz respeito a outras pessoas além do suicida e de seus familiares.[34] Assim, se o ato merecera uma chamada na página 2, a conseqüência ganhou chamada na primeira página.

Nela, sob o título "Morre o desempregado que ateou fogo ao corpo", o leitor já tomava conhecimento de que Souza morrera na véspera, por falência múltipla, e que ele tinha uma filha de 8 anos. Na página interna, De la Peña e o colega Rodrigo Rangel complementavam as informações, nos seguintes lead e sublead:

> BRASÍLIA. O desempregado José Antônio Andrade de Souza, de 40 anos, que ateou fogo ao corpo na manhã da última terça-feira na Praça dos Três Poderes, em frente ao Palácio do Planalto, morreu ontem, por falência múltipla dos órgãos. José Antônio faleceu às 15h40 no Hospital Regional da Asa Norte, onde estava internado.
>
> O corpo de José Antônio, que nasceu em Minas Gerais, foi transferido para o Instituto Médico-Legal e hoje deverá ser liberado para o enterro. A mulher do desempregado, Ma-

> ria das Dores de Souza, que chegou a Brasília na quarta-feira, está num abrigo na cidade. A família ainda não sabe como vai transferir o corpo, mas pretende enterrar José Antônio em Cariacica, no Espírito Santo, onde ele morava.[35]

A reportagem reproduzia as informações de cinco dias antes e atualizava dados sobre a saúde de Souza. O final dela descrevia o último dia de vida do desempregado. Estava consciente, característica que, segundo o chefe do plantão no Hospital Regional da Asa Norte, Delmir Ferreira Souto, é comum aos pacientes com queimaduras. Estava agitado, incomodado com os curativos aplicados sobre a pele, na tentativa de reconstituir os tecidos destruídos. Além disso, passava por hidratação, para repor os nutrientes, e tomava analgésicos contra a dor forte.

Essa descrição relativamente pormenorizada da agonia de Souza funcionava, ainda que de maneira inconsciente, como um alerta do tipo "não façam o mesmo, senão os sofrimentos serão similares". Ele talvez se fizesse necessário – do ponto de vista do temor de o jornal se tornar um propagador do suicídio, claro – porque as notícias sobre o suicídio do desempregado mineiro são a um tempo singulares e comuns. Uma morte ocorrida em protesto contra as elevadas taxas de desemprego (não raro beirando os 17% nas principais regiões metropolitanas do Brasil) poderia ser entendida, em algum nível, como incitação à imitação. Tudo, porém, pode ser muito mais complexo. Sua publicação também se enquadra na linha de crítica ao governo mantida, em variados tons, pelo jornal, bem como assinala o grau de desespero a que alguns brasileiros estavam sendo levados pelo desemprego. A avaliação geral sobre o valor dessa notícia é, como em todas as outras, sujeita a controvérsias, ambigüidades e variadas correlações de forças. Parece fora de dúvida, no entanto, que se trata de um suicídio do tipo anômico. Souza havia tido os documentos roubados – perdendo, literal e metaforicamente, sua identidade – e encontrava-se em dificuldades financeiras. Perdera as referências.

O epílogo da história de José Antônio Andrade de Souza em *O Globo* foi publicado no dia seguinte, 20 de abril. Dava conta do transporte, num avião da FAB, por determinação de Lula, para o enterro no Espírito Santo, num cemitério da periferia de Cariacica, na Região Metropolitana de Vitória. "Era perto de lá", informava Rangel, "que José Antônio morava com a mulher, a doméstica Maria das Dores de Souza, e uma filha de 8 anos." O resto da matéria principal repetia, uma segunda vez, os detalhes do ato de Souza – necessidade freqüente no jornalismo dada a incerteza se o leitor acompanhou os lances anteriores da história – e acrescentava novos detalhes: Souza morava no bairro de Nova Rosa da Penha, um dos mais violentos de todo o estado do Espírito Santo; estava desempregado havia quatro meses; sua mulher estava grávida de novo, também de quatro meses. "No atestado de óbito, registrado num cartório de Brasília, a mulher fez constar a 'profissão verdadeira' dele, ajudante de pedreiro", escreveu Rangel.

Além do texto do repórter da sucursal de Brasília, a página 12 trazia outro, de Carlos Orletti, de Vitória, na qual Maria das Dores se tornava a personagem principal sob o título (entre aspas simples) "Ele dizia que se sentia humilhado" e o subtítulo "Viúva conta que marido estava desesperado e que já tentara se enforcar". Duas semanas antes da viagem a Brasília, sua filha evitara que o pai consumasse o suicídio. Vendo-o tentar se enforcar numa árvore, Camila começou a gritar. O desempregado "desistiu ao ouvir os apelos desesperados da menina". Desenhava-se um homem transtornado ("Antônio falava que era muita humilhação vender caranguejo", contava Maria das Dores), o que, de forma subliminar, além do dado anômico, remetia o suicídio a uma perda temporária ou definitiva da razão.

Aproximando-nos dos casos no Rio de Janeiro relatados por *O Globo* em 2004, o seguinte ocorre na Região Metropolitana: um jovem de São João de Meriti, Baixada Fluminense, o que sempre implica cuidados especiais. Afinal, "os suicídios de adolescentes geram um sentimento de culpa muito grande", reconhece Luiz Garcia. Talvez por isso a curta notícia na edição de 1º de maio adotasse uma linguagem distanciada já a partir da dobradinha título-subtítulo: "Polícia apura se jovem morto fez roleta-russa. Estudante de 15 anos é encontrado em casa com tiro na cabeça." Os três únicos parágrafos da reportagem não-assinada mantinham o tom.

> O estudante Tiago Ferraz Ribeiro, de 15 anos, foi encontrado morto anteontem, com um tiro na cabeça, dentro de casa, no bairro Tietê, em São João de Meriti, na Baixada Fluminense. Ontem, durante o enterro do rapaz no Cemitério Corte Oito, em Duque de Caxias, amigos disseram que ele morreu durante uma brincadeira de roleta-russa com um outro menor. A polícia, no entanto, não confirma a versão e investiga a possibilidade de suicídio.

– Vamos ouvir o depoimento da família para saber como estava o estado emocional do garoto. Mesmo se for uma roleta-russa, isso já é um suicídio – disse o delegado Jorge Luiz Diequez (*sic*) da 64ª- DP (Vilar dos Teles), que deseja saber onde a arma que pode ter sido usada pelo rapaz estava guardada.

O pai de Tiago é o policial militar Marco Barreto Ribeiro, lotado no 15º- BPM (Caxias). Ele e a mulher, Isabel Cristina, não estavam em casa na hora em que o filho foi baleado. O garoto foi socorrido por um vizinho, que teria ouvido o disparo.[36]

Havia duas idéias não enunciadas, e por isso mesmo significativas, na breve notícia da morte do jovem Tiago: segundo o jornal, em versão atribuída a amigos do morto, poderia não ter havido suicídio e sim um acidente "durante uma brincadeira de roleta-russa" (o que, mais uma vez, retira o fato da alçada da consciência ou da razão implacável da morte voluntária); e a culpa indiretamente é atribuída ao pai PM, que deixou uma arma carregada em casa (o que nos fala dos perigos das armas de fogo). É ao delegado Dieguez que cabe a ponderação de que a roleta-russa já é, em si, uma forma de suicídio.

No dia 18 de agosto, a primeira de uma série de três reportagens sobre outro caso reintroduziria o tema dos perigos intrínsecos às armas de fogo. No ano seguinte, o Brasil teria um referendo popular sobre a sua comercialização – e a proposta de proibição seria derrotada. O caso do empresário Ruy Kenji Morimoto, de 47 anos, era ainda de duplo homicídio seguido de suicídio. As vítimas foram seus filhos, uma menina de 9 anos e um menino de 7 anos, cujos nomes jamais foram mencionados. Morimoto pegou os filhos com a ex-mulher, para passar o fim de semana, e levou-os a um sítio em São Pedro d'Aldeia, na Região dos Lagos. "No caso dele, o resto era também importante. Não se podia contar a história sem mencionar o final", avalia Luiz Garcia. "O pai separado que se mata após matar os filhos não cometeu um ato íntimo e pessoal, interferiu de forma direta na vida da família e da comunidade em que vivia", reforça Agostinho Vieira.

A notícia foi publicada com destaque, no alto de uma página, sob os títulos "Pai mata os dois filhos a tiros e se suicida. Crime aconteceu no domingo mas corpos só foram encontrados anteontem em casa de São Pedro d'Aldeia". A tragédia nela contida depunha, sim, a favor da publicação em detalhes, um pouco como o caso da jornalista brasileira assassinada pelo ex-namorado em Atlanta. Em 2003, outro episódio, brevemente referido no pé da matéria assinada por Fábio Vasconcellos, fora noticiado de acordo com a mesma avaliação: "Há cerca de um ano, um crime semelhante chocou o Rio. Um engenheiro morador da Barra matou com tiros de escopeta a mulher e as duas filhas enquanto dormiam e também se suicidou."[37] O lead e o sublead do caso Morimoto eram:

> A Polícia Civil ainda não sabe o que levou o empresário Ruy Kenji Morimoto, de 47 anos, a matar os dois filhos e se suicidar. O crime ocorreu na noite de domingo, mas os corpos só foram encontrados anteontem, no bairro Ponta da Areia, em São Pedro d'Aldeia, após a polícia receber informações de que o empresário havia desaparecido com as crianças: uma menina

> de 9 anos e um menino de 7. As crianças foram mortas com tiros na cabeça. Ao lado do corpo do pai – que morreu com tiro na boca – foi achado um revólver calibre 38 com cinco cápsulas deflagradas.
>
> Os corpos das crianças, que moravam com a mãe num condomínio da Avenida Sernambetiba, na Barra da Tijuca, foram sepultados ontem no Cemitério do Caju. Morimoto foi enterrado no Cemitério Jardim da Saudade, em Sulacap, no fim da tarde. O desaparecimento das crianças começou a ser investigado na segunda-feira, depois que a ex-mulher de Morimoto, Lise Werneck de Menezes, registrou o caso na 16ª DP (Barra da Tijuca).[38]

Apesar da linguagem direta, havia também duas insinua-ções importantes. Logo a primeira frase do lead nos falava da aparente falta de motivação para o crime e o suicídio. De maneira implícita, portanto, admitia-se que uma morte voluntária pode ter um motivo, uma razão – o que ajudaria a lançar alguma luz, dar algum sentido, a gesto tão chocante. Depois, no sublead, fazia-se um preâmbulo ao drama familiar que ronda, sem de fato eclodir, todo o resto do texto: a polícia pretendia tomar o depoimento de Lise e de outros parentes para tentar estabelecer o que motivou Morimoto, dono de uma loja de miniaturas e brinquedos no Edifício Avenida Central; ele pegara os filhos na sexta-feira, mas não os entregara em casa no domingo, conforme acordado pelo casal na Justiça; "ele era uma pessoa reservada e nunca falava dos seus problemas familiares".

Logo em seguida a essa observação, surgia uma declaração aparentemente inútil da delegada Cláudia Faissal, de

São Pedro d'Aldeia: "A cena do crime leva a crer que o pai foi mesmo o autor dos disparos." Em nenhum momento anterior fora levantada qualquer outra hipótese. É como se houvesse uma torcida silenciosa para que as três mortes fossem um triplo latrocínio ou um triplo homicídio por vingança, crimes com os quais a sociedade teria menos dificuldade de lidar do que com o pai matando seus dois filhos e, ainda pior, se matando em seguida.

No dia seguinte, 19 de agosto, o jornal manteve o noticiário. Dessa vez, sob o título "Comerciante que teria matado filhos havia perdido a guarda das crianças", o texto de Dimmi Amora concentrava-se, depois da obrigatória rememoração do fato original, no perfil psicológico de Morimoto, "um pouco mais fechado, desde que perdera a guarda dos filhos para a ex-mulher". A delegada foi ouvida mais uma vez, atrás de novos detalhes das investigações, entre eles os de que as crianças provavelmente foram dopadas antes do fuzilamento, para não sofrer.

Foram ouvidos, ainda, dois psiquiatras: Vera Lengruber, presidente da Associação Psiquiátrica do Estado do Rio de Janeiro, e Fábio Barbirato. Ela afirmava que "o ato de Ruy costuma ser classificado como suicídio coletivo". Não há mais detalhes sobre o que seria isso. Ele, a partir de casos semelhantes nos EUA, opinava: "É um quadro tão grave que a pessoa acha que está fazendo um bem para os parentes para evitar que eles tenham um sofrimento tão grande quanto o que ela está sentindo. A pessoa deprimida perde a noção."

No dia 20 de agosto, a terceira reportagem sobre o caso Morimoto desviava completamente o assunto. Deixava-se, ali, de tratar de um duplo homicídio seguido de suicídio e passava-se a abordar os riscos de se manter uma arma em casa e as benesses da Campanha do Desarmamento, que desaguaria no referendo popular e que *O Globo* apoiou. A campanha pagava entre R$100 e R$300 por arma entregue. Os repórteres Amora e Maria Elisa Alves conseguiram apurar que, dias antes do crime, Morimoto entregara dez armas na sede do movimento Viva Rio.

Essas, porém, não eram todas as suas armas, daí o título de gosto duvidoso: "Só faltou uma arma." O subtítulo esclarecia: "Pai que matou os dois filhos e se suicidou havia entregado dez revólveres e pistolas, mas manteve um 38." Um infográfico trazia os desenhos das armas deixadas em três visitas distintas de Morimoto ao Viva Rio, em troca de R$1.200, e da arma não entregue. Elas[39] têm seus calibres informados, bem como, com exceção do fatídico revólver calibre 38, as datas em que foram trocadas na sede da Glória. O conjunto título-subtítulo ("Um arsenal nas mãos erradas. As dez armas entregues pelo criminoso.") lembrava uma atualização retórica do castigo medieval ao cadáver.

Completava o infográfico um quadro sobre o funcionamento da Campanha do Desarmamento. Na página, havia também um *box* intitulado "Como aderir à campanha". A redundância da abordagem desarmamentista era sintoma da mudança de enfoque, reforçada pela tomada de declarações do coordenador do projeto de controle de armas do Viva Rio, Antônio Rangel Bandeira, e de um membro do Laboratório de Análise da Violência da Uerj, Ignácio Cano. O primeiro dizia:

> A campanha é para que as pessoas entendam que manter arma em casa é um risco para a família. Se esse comerciante tivesse entregue todas as armas, talvez não tivesse matado os filhos num momento de fraqueza. Se até um pai mata as crianças quando está desesperado e com uma arma na mão, imagina só como é fácil ocorrerem crimes passionais, mortes após discussões de vizinhos.[40]

A crença de que a arma de fogo é condição *sine qua non* para a morte faz tábula rasa da constatação de que cada sociedade escolhe um *modus operandi* para se matar – mas que, não obstante as dificuldades ou impossibilidades materiais, seus membros não deixam de se matar – e criminaliza a morte voluntária, o que evoca a figura do "assassinato de si mesmo". Na campanha para o referendo, a frente pelo "sim" à proibição, na qual o movimento Viva Rio desempenhou papel importante, afirmou que os suicídios diminuiriam se a proposta fosse vencedora.

Em setembro de 2004, especialistas em suicídio reunidos em Genebra estimaram que uma pessoa se mata ao redor do mundo a cada 40 segundos. Na ocasião, José Bertolote, da Organização Mundial da Saúde, ligada à Organização das Nações Unidas, estimou a morte voluntária como responsável por 1,5% do custo total das doenças na sociedade.[41] E Lars Mehlum, presidente da Associação Internacional de Prevenção ao Suicídio, disse que a restrição do acesso a armas de fogo de fato pode reduzir o número de tentativas bem-sucedidas. "Armas de fogo são o instrumento mais letal de suicídio", declarou a Robert Evans, da agência de notícias Reuters. "Pouca gente sobrevive a tentativas de se balear."

O texto mais eloqüente publicado no dia 20, entretanto, era a íntegra da carta enviada por Lise Werneck de Menezes à redação de *O Globo*. Na falta de um bilhete de despedida de Morimoto, é a mãe das crianças que verbaliza o drama real, não o conflito abstrato. E, apesar de a carta não ter sido escrita por uma suicida, há semelhanças com as analisadas por MacDonald e Murphy, em especial na tentativa de influenciar a percepção do suicida por uma ampla audiência.

> Neste momento de dor em que todos buscam uma resposta para esta tragédia, gostaria de esclarecer o pouco do que pude entender nos últimos tempos. Meu ex-marido Ruy era um pai extremado, afetivamente falando. Aos nossos filhos proporcionou grandes e imensas alegrias. Eles o adoravam. No entanto, nunca teve a guarda dos filhos. Sempre como mãe extremada e dedicada, eles estiveram sob minha supervisão permanente. Ultimamente, Ruy dava claros sinais de desequilíbrio, causando imensos transtornos para mim, meu marido e sua própria família.
>
> Talvez o falecimento de seu pai, Shigemi Morimoto, fundador da Hobbylândia, há cerca de três meses, tenha piorado seu estado. Infelizmente, sua confusão emocional tornou-se insuportável a ponto de retirar sua própria vida e a de nossos filhos. A minha dor e a de meus familiares é indescritível, mas não deixo de acreditar na força divina. Peço a todos que os conheceram que orem por suas almas. Que elevem seus pensamentos para que meus dois anjos estejam no paraíso. Peço também orações para a alma de Ruy. Muito obrigada. Lise Werneck de Menezes.[42]

O único caso de suicídio de carioca ocorrido no Rio de Janeiro noticiado por *O Globo* em 2004 foi o do estilista

Amaury Vencini Veras, de 53 anos, cometido em 2 de setembro. Mesmo assim, tratou-se sempre mais de um suposto suicídio noticiado do que de um suicídio noticiado. A relutância da imprensa em admitir a morte voluntária, porém, teria, mais adiante, a recompensa de antecipar uma das linhas de investigação da polícia, linha que só ganhou corpo no ano seguinte. A de que Veras não teria se matado mas sido morto, sendo o seu enforcamento no apartamento que dividia com seu sócio na grife Frankie Amaury, Francisco Mackey, de 50 anos, na rua Francisco Otaviano, no Arpoador, apenas uma encenação.

Pela fama dos envolvidos, a notícia da morte de Veras foi publicada com destaque – chamada na primeira página quase inteira na editoria Rio – na edição de 3 de setembro de 2004. O tom geral já era desconfiado. "Estilista é encontrado morto em seu apartamento", dizia o título na página interna. "Corpo de Amaury Veras, da grife Frankie Amaury, estava pendurado pelo pescoço. Polícia registra o caso como suicídio", expandia o subtítulo. Na primeira página, a última frase antecipava a crítica à imperícia da polícia fluminense: "A polícia registrou o caso como suicídio mesmo sem laudo cadavérico." O lead e o sublead da cobertura feita por Célia Costa, Fernanda Pontes e Gustavo Goulart mantinham o tom discreto, apesar de ressaltarem a importância do morto para a cidade do Rio de Janeiro, tanto por seu trabalho quanto por ele viver num prédio em que morava outra pessoa famosa, a modelo e apresentadora de televisão Cynthia Howlett-Martin:

> A moda carioca perdeu ontem um de seus mais destacados representantes. O estilista Amaury Vencini Veras, de 53 anos, da grife Frankie Amaury, foi encontrado morto em seu apartamento, no Arpoador. Quem o encontrou foi seu sócio, Francisco Mackey, conhecido como Frankie, de 50 anos, que morava com Amaury no imóvel da Rua Francisco Otaviano. A 14ª DP (Leblon) registrou o caso como suicídio, mas vai aguardar o resultado do exame cadavérico para a confirmação oficial.
>
> O corpo foi encontrado por volta das 9h. Segundo Frankie, Amaury estava pendurado pelo pescoço por uma echarpe presa à porta, de cerca de 2,5 metros de altura, da sacada de seu quarto. Ao lado havia uma pequena escada. O sócio contou em três depoimentos à polícia que pôs Amaury na cama para tentar reanimá-lo. Depois, segundo ele, bateu à porta de uma vizinha, a modelo e apresentadora Cyntia (*sic*) Howlett, que não estava, e pediu ajuda a outra moradora.[43]

O restante da reportagem se dividia em três aspectos da morte: os procedimentos práticos da polícia, que descobrira um pequeno ferimento na testa (atribuído a uma queda no momento em que o corpo foi levado para a cama) e outro na nuca (causado pelo próprio enforcamento) de Veras; declarações de amigos do estilista; e informações sobre o seu estado psicológico. A matéria citava a médica ortomolecular Doris Israel, que disse na delegacia estar tratando dele havia seis anos. Segundo ela, Veras sofria de transtorno bipolar – outrora conhecido como psicose maníaco-depressiva. Além disso, "ele descobriu recentemente que era diabético, que estava com a taxa de açúcar no sangue um pouco alta". O psicoterapeuta Tito Gomes, amigo do morto, confirmou: "Ele sempre foi uma pessoa muito alegre. Mas, na última vez em que nos encontramos, percebi que estava triste." Logo em seguida, o texto citava que "fontes da polícia" apuraram que, "além de deprimido, Amaury enfrentava problemas financeiros". Tudo desmentido de forma enfática pela declaração da assessora de imprensa da grife, Celina Penteado:

> Não estamos nadando em dinheiro, mas ninguém lançaria a coleção verão com um coquetel para a imprensa, como aconteceu há uma semana, se estivesse em crise. Além disso, estamos para inaugurar mais uma loja, em outubro, no Rio Design Center, no Leblon. Amaury não estava em depressão, trabalhou até tarde ontem (anteontem) e tinha planos para hoje (ontem) e amanhã (hoje).[44]

Completava a reportagem um *box*, assinado por Carolina Isabel Novaes, que historiava a parceria Frankie Amaury, cuja primeira loja fora aberta em 1981, no Fórum de Ipanema. A página era ilustrada por quatro fotos em preto-e-branco: uma de Veras, de arquivo, a maior; outra da echarpe presa à porta; uma terceira do corpo do estilista sendo levado do Arpoador para o Instituto Médico-Legal pelos bombeiros; e a última mostrando o bilhete afixado na porta da loja pioneira, fechada em sinal de luto. Vinte dias depois, a despeito da declaração de Celina Penteado, a loja estaria fechada em definitivo, bem como a filial do BarraShopping, por causa das dívidas dos estilistas com senhorios e funcionários.

No dia seguinte, um sábado, a cobertura de *O Globo* do caso Veras ganhou mais três matérias, duas na editoria Rio e uma no caderno de moda Ela. Na página local, havia fotos coloridas da echarpe (que seria submetida a um teste de resistência), de um cristal usado para meditação pelo estilista ("a polícia pode utilizar luminol em busca de vestígios de sangue", antecipava a legenda) e de Frankie Mackey despejando pétalas sobre a sepultura do sócio, no Cemitério da Ordem Terceira do Carmo, no Caju. Não havia nenhuma menção a qualquer interdição de enterro em campo santo devido à natureza da morte. Os três primeiros parágrafos da matéria principal, assinada pelo repórter Gustavo Goulart, mantêm a tensão entre o aparente suicídio e a suspeita de homicídio:

> A Polícia Civil vai fazer nova perícia no apartamento do estilista Amaury Veras, da grife Frankie Amaury, encontrado morto por enforcamento em seu quarto, na manhã de anteontem. O objetivo é tentar descobrir como o estilista se feriu na cabeça. Um corte sobre o supercílio esquerdo levantou a suspeita de que ele tenha sido golpeado antes de morrer. O Instituto Médico-Legal (IML) confirmou, no entanto, que a causa da morte de Amaury foi asfixia mecânica.
>
> Segundo o chefe de Polícia Civil, Álvaro Lins, além do corte, não há qualquer outro indício de que possa ter ocorrido crime e, por isso, o caso continuará sendo tratado pela polícia como suicídio, pelo menos até a conclusão da nova perícia.
>
> – Não há qualquer outro indício de que Amaury tenha se defendido ou sofrido agressão. Não há lesões nos braços, vestígios sob as unhas.[45]

Seguiam-se informações sobre as duas tentativas anteriores de suicídio no mesmo ano de 2004, ambas utilizando gás de cozinha. Na primeira, em fevereiro, Veras fora salvo pela empregada, que o levou ao Hospital Pró-Cardíaco. Na segunda, mais recente, fora salvo por Mackey. Diante do quadro, a única voz a admitir a hipótese de a morte não ter sido causada por suicídio era a do diretor do Departamento de Polícia Técnica e Científica, Roger Ancilotti. Pela própria natureza de seu trabalho, ele foi cauteloso. Cogitou que Veras ainda poderia estar vivo quando do socorro, explicou que a pessoa enforcada pode ter convulsões e se machucar – mas aguardava o resultado dos exames para concluir algo. A matéria secundária, dedicada ao sepultamento no Caju e escrita por Fernanda Pontes, recolhia depoimentos de parentes e amigos. No Ela, a editora de moda Heloísa Marra assinava o texto que se estendia, cheio de fotos coloridas dos bons tempos, pela primeira e pela segunda páginas do caderno, sob o título geral "Querido Amaury". Nele, o falecido era descrito como "artesão da carioca sensual".

Nos dias seguintes, *O Globo* não publicou novas matérias sobre o "caso Veras". Apenas na edição de 9 de setembro apareceu um texto-legenda sobre a missa do sétimo dia do estilista. Na foto publicada na página 23 viam-se amigos de Veras, entre eles Frankie Mackey, durante a cerimônia na Igreja da Ressurreição, no Arpoador. Mais uma vez, a despeito do suicídio, ou, ao menos, da suspeita de suicídio, ao morto não foi recusada missa. Mudança de orientação ou, muito possivelmente, privilégio pelo status de Veras? Em *Histoire du suicide*, Georges Minois descreveu a vista grossa para o suicídio de nobres e de religiosos durante a Idade Média. Eles ainda eram enterrados com toda a pompa.

A morte de Veras desapareceu dos jornais até maio de 2005. No dia 18, o "Jornal Nacional", da Rede Globo, revelou o laudo do IML, segundo o qual o ferimento na testa do estilista dificilmente teria sido causado por uma queda: o corpo apresentava fratura na base do crânio e edema cerebral. Na edição do dia seguinte, *O Globo* noticiou as novidades: "Segundo médicos-legistas, Amaury, ainda com vida, sofreu violenta pancada na cabeça e ingeriu uma quantidade excessiva de tranqüilizantes." O texto sem assinatura reproduzia a declaração de um dos médicos, não identificado: "Não há dúvida de que o ferimento na testa, que atingiu o encéfalo, seria suficiente para deixar qualquer pessoa atordoada, praticamente impossibilitando que tivesse força para se suicidar." As novas informações, dizia-se, levariam a polícia a marcar uma reconstituição da morte, com a participação de Frankie Mackey – o que de fato viria a ocorrer em junho.

A partir dali, novos fatos vieram a aumentar as dúvidas sobre a ocorrência de um suicídio, lançando suspeitas sobre a versão do sócio de Veras. Além do laudo do IML, revelou-se, na edição de 20 de maio, que Mackey continuava morando no apartamento da Francisco Otaviano, mas enfrentava uma ação de despejo por atraso de R$100 mil no aluguel e tinha tido luz, gás e telefone cortados por falta de pagamento. Ele se mudaria do imóvel no dia 23 de junho, indo residir em Santa Fé, na Argentina. Em janeiro de 2006, Mackey teve a prisão preventiva decretada, como suspeito do assassinato de Veras.

O episódio leva a uma reflexão curiosa. Se, num primeiro momento, por alguma razão, se tivesse optado por ocultar do leitor o suicídio de Amaury Veras, o que haveria para noticiar a partir do momento em que a polícia contemplasse cada vez mais a hipótese do homicídio? "Olha, aquilo que a gente não disse que era não é aquilo mesmo não?!", ironiza Rodolfo Fernandes, diretor de redação de *O Globo*. Ou, por outra, "a desgraça da mentira é que, ao contar a primeira, você passa a vida inteira contando mentira para justificar a primeira que contou", como declarou certa vez o presidente Luiz Inácio Lula da Silva numa entrevista polêmica. O mesmo é verdade caso se troque "mentira" por "omissão".

No tratamento que *O Globo* dá ao tema do suicídio não preponderam, como em tantos outros assuntos, as convicções pessoais de cada jornalista da redação ou nem mesmo de cada membro da sua chefia. Elas tendem a se fundir e de certa forma se anular numa outra convicção, ou melhor, na percepção do que seria a convicção do jornal. Essa percepção, por sua vez, é bastante influenciada pelo perfil da parcela maior dos leitores, tal como se pode ver por intermédio de pesquisas qualitativas diárias. Em Luiz Garcia, Rodolfo Fernandes e Agostinho Vieira, por exemplo, há convicções pessoais distintas que se articulam numa linha única de trabalho diário. Dois deles, Garcia e Fernandes, declaram-se distantes de qualquer fé, embora não usem a palavra "ateu". Vieira é o único manifestamente religioso: "Sou católico e acredito em Deus, apesar de não praticar nem um pouco."

Vieira não vê, no suicídio, uma solução. Entende, no entanto, o grau de solidão e desespero enfrentado pela pessoa que o comete. Tem dúvidas sobre a eutanásia, "uma espécie de suicídio com acompanhante", porque "em alguns casos de doença terminais é difícil chamar aquilo de vida". Garcia, pragmático, não considera o suicídio uma decisão racional.

Para ele, o ato é sempre praticado sob uma forte comoção. Não vê nada que o redima nem nada que o execre. Fernandes também associa suicídio a desespero. Não o considera, porém, mais traumático que uma morte num acidente de carro. Essa indiferenciação é mantida em relação à publicação ou não de uma notícia de suicídio. "As convicções que tenho em relação a isso são só as básicas de edição de jornal: entre 100 assuntos por dia, por que publicar este e não outro?", pergunta-se o diretor de redação.

A necessidade de escolher um assunto em detrimento de outro, dada a realidade física de que o espaço editorial é inelástico e o papel de jornal custa caro, com freqüência atrai críticas ao trabalho de seleção. Segundo essas, ora os critérios seriam categorias inventadas pelos próprios jornalistas, ora seriam categorias impostas a eles pelos seus patrões capitalistas. Pode-se aceitar que os assuntos selecionados pela imprensa determinem a agenda temática (*agenda-setting*) da sociedade, isto é, os assuntos que irá discutir, independentemente da relevância deles ou não – mesmo porque "relevância" pode ser um conceito assaz relativo. Coisa bem diversa, porém, é considerar um jornal, ou a imprensa em geral, uma estrutura homogênea, desprovida de sutilezas e campos de força interna, totalmente resguardada de influências pessoais ou sociais. Arlindo Machado criticou esse tipo de abordagem, que chamou de "sínteses totalizantes":

> Muitos discursos sobre as mídias parecem mais próximos da ficção científica do que da análise objetiva. Eles imaginam uma trama maquiavélica, na qual age o vilão, uma espécie de Big Brother, que tudo controla graças à sua onividência, onisciência

> e onipresença, ao mesmo tempo que domina os milhares de escravos mudos e submissos colocados a seu serviço em todo o mundo e determina o que a humanidade ao seu redor deve pensar e fazer. Para o analista, bom seria se tudo fosse tão simples assim.
>
> As mídias são encaradas, nessa abordagem, como estáticas e monolíticas, expressões cristalinas da vontade daqueles que as forjam, impermeáveis ao tempo e contexto, sem conflitos internos ou pressões externas, sem perspectivas de perfuração e contágio.[46]

O discurso da imprensa *em torno* do suicídio (mais do que *sobre* o suicídio) não se inventou como o ponto focal da idéia de transmissão do suicídio na sociedade; a própria imprensa foi contagiada pela idéia de contágio, que lhe é externa e anterior. A rigor, por sua própria função, ou seja, fazer circular fatos e conceitos pelos seus concidadãos, ela em tese poderia ser responsabilizada por virtualmente todas as idéias que pegam ou não pegam na sociedade. Tanto a de que o suicídio pode ser transmitido como uma doença – e, portanto, deve ser tratado com os cuidados devidos a uma doença altamente contagiosa – quanto a contrapartida de que o homem deve preservar sua saúde e seu meio ambiente. No caso da morte voluntária, isolar o comportamento reticente da imprensa sob a lupa, no laboratório, implicaria ignorar toda a história da humanidade e as práticas e rituais que os homens adotaram, com o passar dos milênios, para lidar com os que se decidiram por não mais ser.

Conclusão

Encarando o suicídio

Os versos de Chico Buarque que servem de título e de epígrafe para este livro remetem ao linguajar dos jornais. Frases como "agonizou no meio do passeio público" ou "morreu na contramão atrapalhando o tráfego" parecem extraídas de uma notícia real. A despedida algo cerimoniosa da mulher, a ebriedade dos últimos momentos, o corpo estatelado no chão, o transtorno causado ao resto da população. "Construção", canção de 1971, trata de uma queda ou de um salto? Acidente ou suicídio? Chico deixou no ar. Mais ou menos como na imprensa, a ambigüidade da letra expõe o leitor à tensão entre a notícia espetacular e o temor da contaminação, quase a regra quando o assunto é (ou pode ser) a morte voluntária.

Essa tensão e os efeitos colaterais – o vazio, a sombra, a ausência de explicação, a omissão, a evasiva, o eufemismo – que a seu modo negam um túmulo ao morto chamam a atenção exatamente porque se chocam com uma das condições *sine qua non* do jornalismo: a clareza. Walter Benjamin, ao analisar a obra de Nikolai Leskov em *O narrador*, foi bem claro ao contrapor a secura racionalista da informação (e do romance, posto que para ele ambos nascem da mesma procura burguesa pelo sentido, real ou ficcional) às antigas e exuberantes formas narrativas advindas da experiência coletiva. Lembrou uma definição de notícia feita pelo fundador do *Figaro*, Villemessant ("Para meus leitores, o incêndio num sótão do Quartier Latin é mais importante que uma revolução em Madri"), para mostrar como, na imprensa, o distante (seja espacial, seja temporal) perde para o próximo como fonte da sabedoria porque não é passível de comprovação.

"A informação aspira a uma verificação imediata", escreveu Benjamin. "Antes de mais nada, ela precisa ser compreensível 'em si e para si'." Para o filósofo alemão, muitas vezes o jornal não é mais exato que os relatos antigos. Enquanto eles, porém, recorriam com freqüência ao miraculoso, "é indispensável que a informação seja plausível". Um suicídio, mesmo plausível, mesmo comum, ainda hoje ressoa, na retórica que o envolve, como um gesto sobrenatural, extraordinário, num eco das acusações de possessão e loucura da Idade Média.

No entanto, o suicídio pode, sim, ser uma notícia espetacular, naquilo que uma notícia tem de tão essencial quanto a clareza: o inesperado, a ruptura de uma "ordem natural" das coisas. Nesse sentido, enquadra-se na leitura que Roland Barthes fez dos *faits divers* (fatos diversos, isto é, desastres, acidentes, mortes etc.). Para o semiólogo francês, eles seriam a parcela do noticiário que escapa à politização.[1] Eventos que, ao menos na aparência, se fecham "em si e para si", se esgotam nos próprios enunciados, não têm contexto exterior – são uma informação calada. O interesse por eles surge da lógica relacional de seus termos: "Estilista é encontrado morto em seu apartamento" atrai a atenção do leitor pelos termos inesperados.

No processo, os *faits divers* se reaproximam do romance, qual os relatos publicados nos jornais ingleses do século XVIII. Carlos Henrique de Escobar ao analisar as relações entre comunicação e *fait divers* a partir de Barthes propôs, no caso das notícias policiais, uma reflexão válida também para o suicídio. Escobar afirmou que outro tipo de *fait divers* dentro desse plano de "inexplicabilidade" é aquele que expressa "o crime misterioso". Segundo o autor, esse *fait divers* é "fecundo pela sua riqueza e pelo poder de implicação simbólica que tem com a cultura". Às vezes, inclusive, registraria implicações filosóficas "no entender do homem, da morte, da sua procura intensa de uma causa".

> O próprio Barthes (que) enfatiza esta suspeita de que "se os acontecimentos se repetem é porque eles querem significar", de certa forma assopra no interior de todas as crenças, o que nos leva a sentir a importância dessa espécie de *fait divers*, e isso não apenas no interior contemporâneo do sistema de imprensa, mas no *fait divers* de todos os tempos.[2]

Na outra ponta do cabo-de-guerra, o discreto tratamento do tema suicídio pela imprensa mal esconde o temor disseminado de que noticiar um caso possa conduzir a outro. Daí a necessidade de fazer cada um aparentar ser único, isolado, fechado, fruto amargo de uma perturbação pessoal. Transplantar a morte voluntária da categoria dos *faits divers* (Amaury Veras, por exemplo) para a das informações políticas (Getúlio Vargas) implica promovê-la aos enunciados que não se esgotam em si e que se relacionam com o resto da vida, numa grande narrativa, da qual todos fazemos parte.

Mesmo aqueles que, na nossa sociedade, estão destacados para batalhar na linha de frente contra a morte, os médicos, não têm com ela uma relação fácil só porque a testemunham todos os dias. A morte de cada paciente é sentida pela classe como um atestado de fracasso profissional, pois os seus conhecimentos e esforços não foram suficientes para manter o paciente vivo – mas não só isso. Para o psiquiatra Sérgio Zaidhaft, em *Morte e formação médica*, "a necessidade é a de triunfar sobre a morte, de negar sua própria mortalidade. Essa crença em sua imortalidade é que é abalada a cada morte de paciente". Cabe aos psiquiatras prevenir o suicídio e identificar-lhe os componentes, até em pacientes politraumatizados e terminais. A ciência acredita, qual a religião, que cada morte tem a sua hora.

Se uma morte natural ou acidental já causa um desconforto nos circunstantes, estejam eles profissionalmente preparados ou não (Zaidhaft discute em profundidade o mecanismo psicológico de distanciamento e defesa que faz o médico negar a própria vida a fim de negar também a própria morte), uma morte voluntária é ainda pior. Defensor radical da racionalidade do ato suicida, o filósofo argentino Julio Cabrera lembrou as "três entidades burocráticas" que oficialmente sabem da vida e da morte na nossa sociedade: a Igreja, a Justiça e a medicina. Como vimos, as duas primeiras condenam o suicídio como ofensa a Deus e como crime contra si próprio. Para Cabrera, a terceira reproduz em seu jargão a mesma idéia de que a vida e a morte não fazem parte do patrimônio de cada pessoa, mas da sociedade. Segundo o filósofo, não é por outra razão que os médicos costumam dizer que o suicida estava "fora de si mesmo", ou "não era ele mesmo" quando fez aquilo, que caso "tivesse se recuperado" não teria chegado a tal ato. Dessa forma, nega-se ao suicida a possibilidade de ser "dono" da sua morte, sujeito dela. Para o autor argentino, isso se dá porque "o suicida desafia essas supervisões institucionalizadas da vida, e cai na dupla condenação de 'doente' e 'subversivo'".[3]

A imprensa, como tomadora de linguagens emprestadas, retransmite a desqualificação da morte voluntária como ímpia, ilegítima ou doentia para outros setores da sociedade. Vem daí o mal-estar que cerca o tema. Ele se mostra, por exemplo, quando o crítico brasileiro Jean-Claude Bernardet vai assistir a um filme do iraniano Abbas Kiarostami e escreve, a propósito das suas táticas de envolvimento: "Se eu tivesse entrado no cinema sabendo de antemão que o projeto do senhor Badii era o suicídio, não teria alcançado uma relação tão intensa e perturbadora com *O gosto de cereja*." Por quê? Por que a bem-sucedida humanização do personagem estabelece entre ele e o espectador uma sólida identificação secundária, para além de qualquer preconceito em relação ao seu gesto?

Dentro de cada um dos textos sobre casos de suicídio que consegue atingir as páginas dos jornais, essa mesma tensão entre a espetaculosidade (sua atração para o "espectador") e a subversão existencial da notícia (sua repulsa) é mantida. Os casos são conservados longe da reflexão, fechados "em si e para si", numa situação cômoda. São inúmeros os recursos para desviar o assunto, dentro da estratégia do *fait divers*. Aqui, o homem-bomba que mal é mencionado. Ali, o pai que colecionava armas. Acolá, a suspeita persistente que a morte do estilista foi por homicídio (pouco importa, aqui, se esta hipótese afinal vier a ser comprovada).

Sendo tributária da imprensa norte-americana, inclusive na adoção da técnica do lead, virtualmente inexistente na Europa, não é surpreendente que nos EUA se verifique mais ou menos a mesma queda pela ambigüidade, conforme foi visto no relato de Tad Friend sobre as pessoas que saltaram da Golden Gate. Parece lógico, não? Se noticiar suicídios os multiplica, calar sobre eles é uma forma de reduzi-los. Será? Num artigo publicado no site Poynteronline (cujo slogan é "tudo o que você precisa saber para ser um jornalista melhor"), a radialista norte-americana Cindi E. Deutschman-Ruiz, conquanto tenha recaído em alguns clichês, discordou disso. Ela chamou a atenção para a estatística de que 30 mil pessoas se matam por ano nos EUA e que outras 500 mil dão entrada em salas de emergência depois de uma tentativa de suicídio.[4]

Ao se perguntar se a mídia reflete essa realidade, Deutschman-Ruiz responde: "Geralmente não." Segundo a autora, em vez disso, a cobertura tende a se deter numa explosão de suicídios numa universidade, num estudo que encontra provas de tendências familiares em relação à morte voluntária; ou em proeminentes e bem-sucedidos doutores, atores, escritores e empresários que se matam – e não no tema em toda sua abrangência. A radialista admitiu, de resto, que a imprensa cria regras escritas ou não-escritas para não cobrir o suicídio com medo de inspirar o contágio (embora ela não use esta palavra). "Suicídios por imitação são um problema real", afirmou Deutschman-Ruiz. Para ela, porém, os especialistas estão certos quando geralmente concordam que não se trata de questionar se a mídia deve ou não deve cobrir suicídios, mas como ela o deve fazer. Inclusive porque:

> Estimando-se pelo noticiário, seria fácil concluir que o suicídio é raro, e não um problema de saúde pública disseminado e atual. Como jornalistas, nós adoramos nos criticar por supercobrir o homicídio. Por que não encaramos nossa subcobertura do suicídio?[5]

O ponto central da argumentação que Cindi desenvolve a seguir, porém, é o de que o suicídio deve ser considerado um problema de saúde mental – conexão desfeita mais de um século antes por Durkheim, com quem, aliás, ela concorda noutros pontos. Seja como for, ela não se furta a criar as próprias regras de como cobrir suicídios.

A primeira regra, "o suicídio nunca é o resultado de um único incidente", busca aprofundar a compreensão do ato, comumente associado a uma grave depressão – o que condiz com o que escreveu o jornalista Ian Thomson, biógrafo de Primo Levi. A segunda, "detalhes do método ou da locação usada pelo suicida podem levar a suicídios por imitação", sugere que o repórter seja cautelosamente genérico – o que está de acordo com os procedimentos prescritos no *Manual de redação e estilo* de *O Globo*. A terceira, "é vital usar estatísticas e informação sobre saúde mental muito cuidadosamente", visa à não-associação automática entre o suicídio e uma patologia – o que objetiva as preocupações da própria Cindi. A quarta, "a cobertura de suicídio é uma oportunidade de fornecer ao público informações e recursos que podem salvar vidas", fortalece a mídia prestadora de serviços – o que ecoa a experiência de Otavio Frias Filho no CVV.

Como é altamente improvável que Cindi, Thomson, Luiz Garcia e Frias Filho tenham algum dia se encontrado (ou mesmo lido uns aos outros) para deliberar e chegar às mesmas conclusões quanto ao melhor modo de abordar o tema, é razoável supor que suas opiniões e ações reflitam, se não o "bom senso" mencionado por Rodolfo Fernandes, um senso comum. Ou, para usar as palavras de Alexis de Tocqueville sobre os norte-americanos, uma religião "menos como doutrina revelada do que como opinião comum".

Todavia, essa opinião não pode ser entendida como comum apenas aos profissionais das redações, posto que isso transformaria a comunicação num circuito fechado e de mão única. Esse senso deve ser comum entre os jornalistas citados (e seus colegas) e os leitores (das sociedades cristãs ocidentais, a quem os primeiros se dirigem e dos quais saem os próprios jornalistas). Uns não existem, ou, como quer Alsina, não sabem sem os outros. Conferir à imprensa o poder absoluto sobre o processo de comunicação é ignorar as complexas redes de poder e contrapoder dentro de cada sociedade. Por conta tanto de pesquisas qualitativas diárias quanto da facilidade de interação imediata com os jornais pelo correio eletrônico, ou ainda da feroz competição entre empresas que sobrevivem do gosto do leitor, nunca as redações foram tão expostas e sensíveis ao mundo fora delas quanto hoje.

O pesquisador norte-americano Philip J. Stone, do Instituto de Tecnologia de Massachusetts, mapeou a interação entre a linguagem individual e o ambiente social que a molda quando escreveu sobre o pressuposto fundamental da inferência, entendida por ele como a *raison d'être* da análise de conteúdo. Segundo Stone, as palavras não apenas refletem a "significação do que imaginamos como sua natureza", mas "também contêm a significação da natureza, disposição e interesse daquele que fala". Na mera seleção das palavras a serem usadas para contar algo já se faz um julgamento.

> A "disposição e o interesse" de quem fala refletem em parte as pressões da situação social geral, que podem condicionar o tópico em discussão e engendrar a necessidade de atingir um efeito determinado sobre os demais. A "natureza de quem fala" inclui características de personalidade e estilos de expressão, derivados em parte da experiência passada do indivíduo na família, vizinhança, escola e trabalho.[6]

Portanto, também é razoável supor que o procedimento recalcado da imprensa frente ao suicídio reflita o mal-estar de toda a nossa sociedade diante da morte voluntária. Porque, mais do que os próprios jornalistas, os suicídios levantam questões demais. Questões perturbadoras demais, como aquela proposta por Camus. "Julgar se a vida merece ou não ser vivida", contudo, não é tão-somente "responder a uma questão fundamental da filosofia". É ter de admitir que, para um número considerável de pessoas, a resposta é não. Daí a milenar satanização ou criminalização da figura do suicida, daí o *wishful thinking* de que apenas uma pessoa sem a posse da sua saúde mental pode cogitar tirar a própria vida.

Não é bem assim. Nem mesmo a depressão profunda é uma explicação universal e mecânica para todo suicídio, até porque uma pessoa em depressão profunda pode não ter ânimo ou força nem para se matar. Maurice Halbwachs, sobrinho de Durkheim, recolocou de outra maneira o "duplo aspecto" da loucura e da doença mental em *Les causes du suicide*. Para ele, as doenças mentais eram perturbações orgânicas tratadas pela psiquiatria. No entanto, ponderou, "ao mesmo tempo, toda doença mental é um homem que não está mais adaptado ao seu meio". Logo, uma doença mental é um elemento de desequilíbrio social.

Nisso, ele estava de pleno acordo com o tio, cujo uso da análise estatística para provar suas teorias foi considerado notável. Como frisou Matilda White Riley, o interesse de Durkheim pelos aspectos sociais do suicídio, e não pelas razões individuais pelas quais alguém comete e outro alguém não comete suicídio, era consistente com sua visão de sociólogo, não de psicólogo – ao mesmo tempo em que não subestimava o indivíduo em seu papel na sociedade. Porque, afinal, é o desequilíbrio social que se manifesta de modo estatístico: "O suicídio anômico tende a crescer conforme as normas do grupo e os controles sociais entram em colapso", relembrou a norte-americana. "E o suicídio egoísta tende a crescer conforme as normas prescrevam um excessivo afastamento do indivíduo do grupo."

A presente tentativa de se entender como jornalistas fazem para lidar com a idéia do suicídio – alheio – como fato social, em seu dia-a-dia, nasceu da dúvida que, variadas vezes, acometeu-me dentro das redações do *Jornal do Brasil* e de *O Globo*: qual a razão para sermos tão lacônicos sobre as mortes voluntárias, para aceitarmos sepultá-las sob eufemismos como "as causas da morte não foram divulgadas" ou "acidente com arma de fogo"? Isso é mera invenção nossa ou reflete, como nós temos a pretensão de que as páginas reflitam, algo que nos suplanta?

Na busca pelas respostas desta pesquisa, entendi que o silêncio era menor do que eu supunha e, mais até, o que me incomodava era o tom das palavras, a desqualificação do suicida como fanático religioso, criminoso ou louco. Tudo isso, como escreveu José Carlos Rodrigues, "não se explica apenas porque o suicídio seja um desafio ao poder, mas também porque todo *verdadeiro* desafio ao poder seja de natureza suicidária". Para o antropólogo, os suicídios "são uma escandalosa afirmação do direito à liberdade e à dignidade, afirmação que o opróbrio lançado contra o suicida e seus próximos tenta anular". Concordo inteiramente com essa visão, que não pode ser confundida com uma mera defesa da morte voluntária, e sim deve ser entendida como um apelo a encará-la, pelo que ela é. Fazer a apologia do suicídio, afinal, seria tão inútil quanto fazer a apologia da vida.

Notas

Introdução
Nas entrelinhas do noticiário

[1] Costume indiano no qual um grande carro transportando uma estátua de Jagrená (Jagannāth), "senhor do mundo", um dos títulos de Krishna, era arrastado pelas ruas de Puri. Dizia-se que seus seguidores, então, atiravam-se sob suas rodas para serem esmagados.

[2] R. Barthes, *Fragmentos do discurso amoroso*, p.185.

[3] Idem, p.XV.

[4] G. Tuchman, "Qualitative methods in the study of news", p.84.

[5] Segundo o Instituto Verificador de Circulação (IVC), em números de julho de 2006, 373 mil exemplares aos domingos e 257 mil exemplares nos demais dias da semana.

[6] T.A. van Dijk, "Media contents – The interdisciplinary study of news as discourse", p.113-4.

Dois escritores em Turim:
Durkheim e sua clássica tipologia do suicídio

[1] I. Calvino, *A lua e as fogueiras*, p.274.

[2] Embora possa soar incongruente sobreviver a Auschwitz ou a outro campo de concentração para se matar mais tarde, não são incomuns suicídios nessas circunstâncias. Sobreviventes do Holocausto, o psicólogo austríaco Bruno Bettelheim (1903-90) e o poeta romeno Paul Celan (1920-1970) também se mataram.

[3] O protagonista do *thriller* psicológico de Polanski, por seu turno, aluga o apartamento onde a antiga inquilina cometeu suicídio e passa a acreditar que o senhorio e os vizinhos – numa conspiração aparentada à de um filme anterior do cineasta, *O bebê de Rosemary* (1968) – querem transformá-lo na ocupante anterior. Quando pula, então, aliás, quando pula duas vezes, pois na primeira quebra apenas a perna, Trelkovsky está vestido de mulher, num toque de humor negro.

[4] Thomson, *Primo Levi*, p.542.

[5] Apud M. Etkind, *Or not to be: a collection of suicide notes*, p.38-9.

[6] É. Durkheim, *O suicídio*, p.358-9.

[7] J.C. Rodrigues, *Tabu da morte*, p.109.

[8] Recentemente, o presidente da Autoridade Palestina, Mahmoud Abbas, instituiu uma pensão para as famílias dos terroristas suicidas, tratados como *shahids* (mártires), a maior honraria da fé islâmica, reservada àqueles que morrem por Deus.

[9] E. Giannetti, *O valor do amanhã*, p.118-20.

[10] R. Ortiz, *Mundialização e cultura*, p.44-5.

[11] A. de Tocqueville, *A democracia na América*, p.183-4.

[12] É. Durkheim, op.cit., p.91.

[13] A. Camus, *O mito de Sísifo*, p.13.

[14] Nem todos concordam com isso. Para Nisbet, por exemplo, "o primeiro trabalho genuinamente de sociologia do século" (XIX) é *As classes trabalhadoras européias*, de Frédéric Le Play, publicado em 1869: "*O suicídio*, de Durkheim, é comumente encarado como o primeiro trabalho 'científico' na sociologia, mas em nada diminui o seu feito observar que foi nos estudos de Le Play sobre tipos de família e comunidade na Europa que se encontrou bem mais cedo ... um trabalho que combina observação empírica e inferência crucial – e fazê-lo reconhecidamente dentro dos critérios da ciência." (op.cit., p.61)

[15] O pano de fundo da polêmica entre um Camus já consagrado e um Barthes ainda em busca de afirmação não é muito lisonjeiro para com o segundo: o autor de *A peste* acabara de sair do Partido Comunista Francês

e o que viria a escrever *Fragmentos de um discurso amoroso* fazia, ainda inebriado pelas certezas do centralismo democrático, o papel de patrulheiro ideológico. A brasileira Leila Perrone-Moisés, aluna e amiga de Barthes, diz, na apresentação de *Inéditos vol. 4 – Política* (2005, XII), que, em sua maturidade, ele se envergonhava do episódio.

[16] A. Camus, op.cit., p.67.

[17] Segundo Allen, no mesmo livro (p.209), o personagem do filme chamado Louis Levy, um filósofo que se suicida, não foi inspirado em Primo Levi.

[18] Quando o livro foi publicado no Brasil, dois anos depois, reportagem na primeira página do Segundo Caderno do jornal *O Globo*, assinada por Sheila Kaplan, citava, sem maiores detalhes, a estatística brasileira de suicídios como a oitava mais alta do mundo, segundo a Organização Mundial da Saúde: 17 casos em 100 mil pessoas.

[19] C. Guillon e Y. Le Bonniec, *Suicídio: modo de usar*, p.22.

Um casal em Londres:

Relações perigosas entre jornais e morte voluntária

[1] Como veremos, ainda hoje, a *Folha de S. Paulo* recomenda que o suicídio não seja omitido quando for a causa ou a conseqüência da morte de (mais) alguém. Homicídio seguido por suicídio é também rotineiramente noticiado por *O Globo*.

[2] M. MacDonald e T. Murphy, *Sleepless Souls*, p.321.

[3] G. Minois, *Histoire du suicide*, p.218-9.

[4] É. Durkheim, *O suicídio*, p.160.

[5] Sobre isso, ver: p.21-2.

[6] Em seu bilhete de despedida, ela escreveu: "Por favor, perdoem-me. Não se fechem ao mundo. Todo mundo está melhor sem esta garota gorda, desagradável e chata. Sigam em frente."

[7] O livro hoje encontra-se esgotado na Amazon.com. A loja virtual, no entanto, indica que há quatro exemplares usados à venda, por preços que variam de US$999 a US$2.475.

[8] Não existe sinônimo para esta palavra em português: o *coroner* é uma espécie de promotor público encarregado de investigar as mortes violentas, bruscas ou incomuns – antinaturais.

[9] Em 1995, um dos que se mataram na ponte e tiveram seu salto noticiado foi Duane Garrett, arrecadador de fundos para o Partido Democrata e amigo do ex-vice-presidente Al Gore. Dois anos antes, outro suicida ilustre da Golden Gate foi Roy Raymond, fundador da cadeia de lojas de *lingerie* Victoria's Secret.

[10] T. Friend, "Jumpers", *The New Yorker*, 13 out 2003, p.48-59.

[11] T. Friend, "Jumpers", *The New Yorker*, 13 out 2003, p.48-59.

[12] Hoje, em média, uma pessoa salta a cada duas semanas.

[13] O tipo móvel já havia aparecido em madeira e argila na China, no século XI, e em cobre na Coréia, no século XIV. Não existe conexão comprovada entre Gutenberg e seus colegas orientais.

[14] G. Minois, op.cit., p.51.

[15] M. Scliar, *Saturno nos trópicos: a melancolia européia chega ao Brasil*, p.38-9.

[16] Tal gênero ainda persiste em livros recentes como *Dicionário de suicidas ilustres* (1999), do brasileiro J. Toledo, e *Adiós mundo cruel – Los suicidios más célebres de la Historia* (2003), da espanhola Alicia Misrahi.

[17] Um dos assassinos de César, Brutus matou-se ao atirar-se sobre a espada, depois de perder a Batalha de Filipos, na Macedônia. Teria exclamado na ocasião: "Virtude, não passas de um nome!" Estóica como o pai Catão, o Jovem, Pórcia matou-se engolindo carvão em brasa quando soube da morte do marido.

[18] O que os obrigava a enquadrar o caso de Sansão, por exemplo, numa categoria excepcional, derivada de santo Agostinho: a daqueles que haviam recebido um chamado especial e secreto de Deus. Sansão, como se sabe, matou três mil pessoas, mas também morreu ao sacudir as colunas do Templo de Dagon.

[19] David Hume (1711-76) escreveu dois ensaios simpáticos ao suicídio, *On Suicide* (de onde essa citação foi retirada) e *On the Natural History of Religion*.

Arrependido diante das paixões levantadas, ele caçou como pôde as cópias do livro onde eles se encontravam, *Five dissertations* (1756). Os ensaios só reapareceram após a sua morte. Neles, Hume encara o suicídio como um mal menor, posto que o homem que o pratica não faz mal à sociedade, apenas deixa de fazer o bem. Ao mesmo tempo, ele advoga uma certa reciprocidade: se a sociedade não faz bem ao homem, por que ele seria culpado de deixá-la para trás?

[20] M. MacDonald e T. Murphy, op.cit., p.180-1.

[21] Interessante lembrar que, em pleno século XXI, as Forças Armadas de Israel ainda destroem as casas dos terroristas suicidas palestinos, desalojando suas famílias. A punição pós-morte renova a velha prática medieval.

[22] Minois, op.cit., p.42-3.

[23] *O Dia*, 1996, p.47.

[24] No Evangelho de Lucas, perguntado por um doutor da lei "quem é o meu próximo?" (para poder amá-lo), Jesus responde com a história do homem assaltado e espancado no caminho de Jerusalém para Jericó: um sacerdote vê o sujeito caído sem deter o passo; um judeu da tribo dos levitas também não pára para ajudá-lo; um samaritano, membro de outro povo da Judéia, isto é, um estranho, um "distante", é quem se detém para cuidar do infortunado. Ata-lhe as feridas, leva-o a uma estalagem e paga os serviços do hospedeiro.

[25] O. Frias Filho, *Queda livre*, p.284.

[26] Em 1659, o jesuíta espanhol Antonio Escobar analisa um caso hipotético extremo. Nele, uma jovem solteira grávida está determinada a se matar para evitar a vergonha da família. Poderia ela provocar o aborto por ser este o único meio de a desviar do suicídio?, pergunta-se o casuísta. Sim, responde, porque trata-se de escolher o mal menor. "Se nos lembrarmos da luta encarniçada travada pela Igreja desde as suas origens contra o aborto, mediremos melhor o horror ao suicídio que pode representar tal solução." (Minois, 1995, p.147) Se, no entanto, a pobre grávida decidisse mesmo tirar a própria vida, ai dela. Em 1718, em Château-Gontier, na França, Marie Jaguelin, grávida de seis meses e desesperada com a desonra, se suicidou por envenenamento. Seu cadáver foi desenterrado, julgado, arrastado. Em praça

pública, seu ventre foi aberto, de modo a que o feto fosse retirado e enterrado na parte do cemitério reservada aos não-batizados. Maria foi pendurada pelos pés e exposta ao público. Depois, foi queimada. Por fim, suas cinzas foram jogadas ao vento.

[27] W. Shakespeare, *Hamlet*, p.287-8.

[28] Essa é a data aceita para a versão consagrada de *Hamlet*, embora existam evidências de que Shakespeare vinha trabalhando na peça havia muito tempo antes, uma ou duas décadas talvez.

[29] W. Shakespeare, op.cit, p.217-8.

[30] Idem, p.218.

[31] Bloom concorda com Alvarez: "Dificilmente conseguiremos estabelecer as tendências religiosas de Shakespeare, seja no início ou no fim da vida. Ao contrário do pai, que era católico, Shakespeare manteve-se sempre ambíguo nessa questão perigosa, e *Hamlet* não é obra católica nem protestante. Com efeito, a peça, a meu ver, não é nem cristã nem anticristã, pois o ceticismo de Hamlet não apenas excede uma possível origem em Montaigne, como se torna, no quinto ato, algo estranho e fascinante, algo que não conseguimos rotular." (2000, p.488-9)

[32] Compare-se com os números divulgados pelos jornais de 1953 e lidos por Chad Varah (cf. p.72): três suicídios por dia – para uma população recenseada em 8.196.807 habitantes em 1951.

[33] M. MacDonald e T. Murphy, op.cit., p.301.

[34] Idem, p.302.

[35] Idem, p.316.

[36] Idem, p.333.

[37] Cassorla, em *O que é suicídio*, coleta exemplos de suicídios explicitamente vingativos. Na China antiga, por exemplo, grupos de homens se suicidavam antes das batalhas, buscando fazer com que suas almas atacassem furiosamente os inimigos, responsáveis últimos por suas mortes. Em certas tribos de Gana, se o indivíduo se mata culpando outro habitante da aldeia, este também é obrigado a se matar. O povo chuvache, da Rússia, costumava se enforcar à porta dos seus desafetos. "Em muitos grupos, acreditava-se que a alma do suicida perseguia o ofensor; isso per-

sistiu pelos tempos e continua no psiquismo profundo das pessoas até hoje." (Cassorla, *O que é suicídio*, p.38)

[38] Apud M. Etkind, *Or not to be*, p.20.

[39] Pela incineração dos corpos, Hitler quis evitar que acontecesse com ele e com Eva Braun o mesmo que acontecera com o ditador Benito Mussolini e sua amante Clara Petacci: após serem executados por *partigiani*, seus corpos foram exibidos e vilipendiados por uma multidão furiosa na Piazzale Loreto, em Milão.

[40] M.L. Dias, *Suicídio: testemunhos de adeus*, p.204.

Um presidente no Catete:
O velho tabu visto no Brasil do século XXI

[1] S. Wainer, *Minha razão de viver*, p.260.

[2] Entretanto, Fortunato foi condenado pela Justiça apenas em 1957.

[3] Segundo a versão *on-line* do *Dicionário Histórico-Biográfico Brasileiro*, do CPDOC da Fundação Getulio Vargas, "apesar de toda a controvérsia sobre a autoria da *Carta-Testamento*, há razões suficientes para se acreditar na sua autenticidade. Várias pessoas, entre as quais Osvaldo Aranha, Amaral Peixoto, Tancredo Neves, o brigadeiro Epaminondas Gomes dos Santos, declararam ter visto o presidente ler, assinar e guardar cuidadosamente um papel que devia ser a carta. Outro dado fora de discussão é a participação – maior ou menor – na elaboração do documento do jornalista José Soares Maciel Filho, o redator favorito dos discursos de Getúlio". (http://www2.cpdoc.fgv.br/dhbb/verbetes_htm/5458_54.asp)

[4] Vargas refere-se à Revolução de 1930, que o conduziu pela primeira vez à Presidência da República, exercida com mão de ferro durante os anos do chamado Estado Novo, de inspiração nazi-fascista. Mesmo assim, pressionado pelos EUA e pela população, mandou tropas para combater ao lado dos Aliados durante a Segunda Guerra. Quando a vitoriosa Força Expedicionária Brasileira retornou da Itália em 1945, porém, instalou-se o paradoxo: como lutar pela democracia lá fora se ela não existia aqui dentro? Embora Vargas tenha começado a liberalizar o regime, foi deposto em outubro pelas Forças Armadas. Nas eleições presidenciais,

no entanto, ganhou o marechal Eurico Gaspar Dutra, candidato lançado e apoiado por Vargas. No pleito seguinte, em 1950, seria o próprio Vargas o candidato vencedor, agora legitimado pelas urnas.

[5] Apud *Nosso século*, p.124.

[6] Sobre isso, ver p.95-7.

[7] R. Castro, *O anjo pornográfico*, p.47.

[8] Sobre isso, ver p.87.

[9] L. Garcia, *O Globo: manual de redação e estilo*, p.87.

[10] Sobre isso, ver p.75.

[11] Sobre isso, ver p.119.

[12] Z. Ventura, *Minhas histórias dos outros*, p.169.

[13] Só dois anos depois do suicídio, começaram a aparecer menções à homossexualidade de Nava.

[14] Z. Ventura, op.cit., p.173.

[15] M.R. Alsina, *La construcción de la noticia*, p.14.

[16] *O Globo*, s/a, 24 ago 2004, p.6

[17] Tipicamente, o governo boliviano negou que a ação que matou dois policiais – além do mineiro, identificado como Eustáquio Picachuri, de 47 anos – e feriu outros dez configurasse um ataque terrorista. Durante "uma coletiva de imprensa especialmente convocada para tranqüilizar a população", o então presidente Carlos Mesa chegou a qualificar Picachuri como "uma pessoa desesperada com um conjunto de petições de caráter estritamente pessoal".

[18] Sobre isso, ver declaração p.111.

[19] Ranking feito pelo Ministério da Saúde entre 2000 e 2004, com base nas estatísticas de mortes não-naturais (homicídios, mortes por arma de fogo sem causa determinada, suicídios e acidentes de trânsito), mostra que a violência paulistana é a maior do país e quase o dobro da carioca, segunda colocada: alcança um índice de 11, 53 contra 6,75 por 100 mil habitantes.

[20] Em tempo: duas semanas depois de Kurt Cobain cometer suicídio, em

1994, *O Globo* enviou a Seattle o seu correspondente em Washington, José Meirelles Passos, com a missão de estabelecer uma "geografia sentimental" do líder da banda Nirvana. O resultado foi publicado em duas páginas inteiras do Segundo Caderno de 22 de abril daquele ano.

[21] *O Globo*, s/a, 31mar2004, p.35.

[22] *O Globo*, s/a, 23set2004, p.31.

[23] *O Globo*, s/a, 3mar2004, p.33.

[24] *O Globo*, s/a, 13out2004, p.24.

[25] Idem.

[26] *O Globo*, s/a, 10ago2004, Caderno de Esportes, p.3.

[27] *O Globo*, s/a, 24jan2004, p.35.

[28] *O Globo*, s/a, 14jan2004, p.28.

[29] P. Guilayn, "Comissão liga morte de brasileira a 11 de março", p.33.

[30] No original: When I am laid in earth/ May my wrongs create/ No trouble in thy breast/ Remember me, remember me/ But, ah!, forget my fate.

[31] I. Souza, "Jornalista brasileira é assassinada por ex-namorado nos Estados Unidos", p.8.

[32] Sobre isso, ver p.95.

[33] B. de la Peña, "Homem ateia fogo ao corpo em frente ao Planalto", p.12.

[34] Sobre isso, ver declaração p.110.

[35] B. de la Peña & Rangel, "Morre homem que ateou fogo ao corpo", p.4.

[36] *O Globo*, s/a, 1mai2004, p.25.

[37] A pressa do fechamento levou o repórter a uma ligeira imprecisão na descrição do armamento empregado: em maio de 2003, o engenheiro Waldo de Carvalho Wunder se suicidou com um tiro de escopeta na boca depois de matar a mulher e as duas filhas usando uma pistola Glock calibre 380, na cobertura da família, na Barra da Tijuca. Wunder devia mais de R$700 mil ao INSS. O detalhamento das armas utilizadas, que lhes atribui uma certa importância fetichista, teria desdobramentos importantes na terceira reportagem sobre o caso Morimoto.

[38] F. Vasconcellos, "Pai mata os dois filhos a tiros e suicida", p.22.

[39] Dois outros revólveres calibre 38, um revólver calibre 22, uma pistola calibre 380, uma carabina calibre 44 e cinco garruchas de calibres variáveis.

[40] D. Amora e M.E. Alves, "Só faltou uma arma", p.13.

[41] É sintomático que o suicídio seja associado a doença, ou seja, a algo fora da ordem, da normalidade, alheio a uma natureza humana. Por vias transversas, essa separação remete à antiga culpabilização do Diabo. Além disso, introduz a idéia do "absurdo", na acepção camusiana.

[42] L.W. de Menezes, *O Globo*, 20set2004, p.13.

[43] C. Costa, G. Goulart e F. Pontes, "Estilista é encontrado morto em seu apartamento", p.17

[44] Idem.

[45] G. Goulart, "Polícia fará nova perícia na casa de estilista", p. 18.

[46] A. Machado, "A comunicação e sua retórica", p.49-50.

Conclusão

Encarando o suicídio

[1] Tal definição remete à que Barthes faz dos mitos: "O mito é uma fábula despolitizada" (*Mitologias*; p.163). No entanto, é uma fala despolitizada que pode ser falada politicamente.

[2] C.H. Escobar, "Comunicação e 'fait divers'", p.115-7.

[3] J. Cabrera, *Projeto de ética negativa*, p.41.

[4] Esses dados não devem ser nem menosprezados nem superestimados. Embora em números absolutos os EUA ocupem o quarto lugar no ranking mundial de suicídios (atrás de China, Índia e Rússia), eles caem para 38º lugar quando se considera a taxa por 100 mil habitantes. Segundo esta, os países com mais suicidas são, pela ordem, Lituânia (com 42 por 100 mil), Estônia, Rússia, Letônia, Hungria, Sri Lanka, Casaquistão, Bielo-Rússia, Eslovênia e Finlândia. Os números são da Organização Mundial de Saúde.

[5] C.E. Deutschman-Ruiz, "Reporting on Suicide", 2003.

[6] P.J.Stone, "A análise de conteúdo da mensagem", p.318. Refere-se a Hobbes, no *Leviatã*, que usa como epígrafe de seu artigo: "Quando imaginamos as mesmas coisas de maneira diferente, muito dificilmente deixamos de nomeá-las de modo diverso. Apesar de ser a mesma a natureza do que imaginamos, a diversidade de nossa percepção do objeto, devido a diferentes constituições do corpo e devido a preconceitos de opinião, confere a cada coisa o cunho de nossas diversas paixões. E, por esse motivo, um homem deve ter cautela com as palavras quando raciocina; isso porque, além da significação do que imaginamos como sua natureza, as palavras também contêm a significação da natureza, disposição e interesse daquele que fala."

Referências bibliográficas

Entrevistas ao autor:

Fernandes, Rodolfo. Realizada em 16 nov 2005.

Garcia, Luiz. Realizada em 16 nov 2005.

Gois, Ancelmo. Realizada em 16 nov 2005.

Vieira, Agostinho. Realizada em 2 dez 2005.

Artigos de jornais e revistas:

Amora, Dimmi. "Comerciante que teria matado filhos havia perdido a guarda das crianças", *O Globo*, Rio de Janeiro, 19 ago 2004, p.15.

_____ e Maria Elisa Alves. "Só faltou uma arma", *O Globo*, Rio de Janeiro, 20 ago 2004, p.13.

Brinkley, Douglas. "Football season is over", *Rolling Stone*, Nova York, 22 set 2002, p.68, 72 e 112-13.

Costa, Célia, Fernanda Pontes e Gustavo Goulart. "Estilista é encontrado morto em seu apartamento", *O Globo*, Rio de Janeiro, 3 set 2004, p.17.

De la Peña, Bernardo. "Homem ateia fogo ao corpo em frente ao Planalto", *O Globo*, Rio de Janeiro, 14 abr 2004, p.12.

_____ e Rodrigo Rangel. "Morre homem que ateou fogo ao corpo", *O Globo*, Rio de Janeiro, 19 abr 2004, p.4.

Evans, Robert. "Suicide around the world every 40 seconds", *Reuters*, Londres, 8 set 2004.

Friend, Tad. "Jumpers – The fatal grandeur of the Golden Gate Bridge", *The New Yorker*, Nova York, 13 out 2003, p.48-59.

Garcia, Luiz. "O direito de denunciar", *O Globo*, Rio de Janeiro, 15 nov 2005.

Goulart, Gustavo. "Polícia fará nova perícia na casa de estilista", *O Globo*, Rio de Janeiro, 4 set 2004, p.18.

Guilayn, Priscila. "Comissão liga morte de brasileira a 11 de Março", *O Globo*, Rio de Janeiro, 14 dez 2004, p.33.

Marra, Heloísa. "Querido Amaury", *O Globo*, caderno Ela, 4 set 2004, p.1-2.

Novaes, Carolina Isabel. "Uma grife irreverente", *O Globo*, Rio de Janeiro, 3 set 2004, p.17.

O Globo (s/a). "Dr. Morte é encontrado enforcado", Rio de Janeiro, 14 jan 2004, p.28.

O Globo (s/a). "O dia mais sangrento no Iraque", Rio de Janeiro, 3 mar 2004, p.33.

O Globo (s/a). "Pacto suicida entre 9 jovens no Japão", Rio de Janeiro, 13 out 2004, p.24.

O Globo (s/a). "Palestina suicida mata 2 em Israel", Rio de Janeiro, 23 set 2004, p.31.

O Globo (s/a). "Parmalat: assessor financeiro se mata na Itália", Rio de Janeiro, 24 jan 2004, p.35.

O Globo (s/a). "Polícia apura se jovem morto fez roleta-russa", Rio de Janeiro, 1º mai 2004, p.25.

O Globo (s/a). "Suicídios no mundo corporativo", Rio de Janeiro, 24 jan 2004, p.35.

O Globo (s/a). "Suicídios superam mortes em guerra e crimes", Rio de Janeiro, 9 set 2006, p.16.

O Globo (s/a). "Terrorista suicida não seria fanático", Rio de Janeiro, 13 mai 2004, p.32.

O Globo (s/a). "Um drama abala Atenas às vésperas dos Jogos", caderno especial das Olimpíadas, Rio de Janeiro, 10 ago 2004, p.3.

Orletti, Carlos. "'Ele dizia que se sentia humilhado'", *O Globo*, Rio de Janeiro, 20 abr 2004, p.12.

Pontes, Fernanda. "Cem pessoas comparecem a enterro", *O Globo*, Rio de Janeiro, 4 set 2004, p.18.

Rangel, Rodrigo. "Avião da FAB leva corpo de desempregado", *O Globo*, Rio de Janeiro, 20 abr 2004, p.12.

Souza, Isonilda. "Jornalista brasileira é assassinada por ex-namorado nos Estados Unidos", *O Globo*, Rio de Janeiro, 30 dez 2004, p.8.

Vasconcellos, Fábio. "Pai mata os dois filhos a tiros e suicida", *O Globo*, Rio de Janeiro, 18 ago 2004, p.22.

Livros:

Allen, Woody. *Woody Allen on Woody Allen: in Conversation with Stig Björkman*. Nova York, Grove, 1993.

Alsina, Miguel Rodrigo. *La construcción de la noticia*. Barcelona, Paidós, 1989.

Alvarez, A. *O deus selvagem: um estudo sobre o suicídio*. São Paulo, Companhia das Letras, 1999.

Audi, Robert (ed.). *The Cambridge Dictionary of Philosophy*. Cambridge, Cambridge University Press, 1995.

Augé, Marc. *Não-lugares: introdução a uma antropologia da supermodernidade*. Campinas, Papirus, 4ª ed., 2004.

Azerrad, Michael. *Comes as you are: the Story of Nirvana*. Londres, Virgin, 1993.

Barthes, Roland. *Mitologias*. São Paulo, Difel, 4ª ed., 1980.

_____. *Fragmentos de um discurso amoroso*. Rio de Janeiro, Francisco Alves, 3ª ed., 1981.

_____. "'A peste', anais de uma epidemia ou romance da solidão?", in *Inéditos vol. 4 – Política*. São Paulo, Martins Fontes, 2005.

Benjamin, Walter. "O narrador", in *Obras escolhidas: magia e técnica, arte e política*. São Paulo, Brasiliense, 10ª reimpressão, 1996.

Bernardet, Jean-Claude. *Caminhos de Kiarostami*. São Paulo, Companhia das Letras, 2004.

Bloom, Harold. *O canône ocidental: os livros e a escola do tempo*. Rio de Janeiro, Objetiva, 1995.

_____. *Shakespeare: a invenção do humano*. Rio de Janeiro, Objetiva, 2000.

_____. *Hamlet: poema ilimitado*. Rio de Janeiro, Objetiva, 2004.

Cabrera, Julio. *Projeto de ética negativa*. São Paulo, Graphbox, 1990.

Callado, Ana Arruda. "O texto em veículos impressos", in Caldas, Álvaro (org.) *Deu no jornal: o jornalismo impresso na era da internet*. Rio de Janeiro e São Paulo, Editora PUC-Rio e Edições Loyola, 2002.

Calvino, Italo. "Pavese e os sacrifícios humanos", in *Por que ler os clássicos*. São Paulo, Companhia das Letras, 2004.

Camus, Albert. *O mito de Sísifo: ensaio sobre o absurdo*. Lisboa, Edições Livros do Brasil, s/d.

Cassorla, Roosevelt M.S. *O que é suicídio*. São Paulo, Brasiliense, 5ª ed., 2005.

Castro, Ruy. *O anjo pornográfico: a vida de Nelson Rodrigues*. São Paulo, Companhia das Letras, 1992.

Chillón, Luís-Albert. *Literatura i jornalisme: literatura periodística i periodisme literari en el temps de la post-ficció*. Secretariat de Publicacions de la Universitat d'Alacant, Publicacions de la Universitat Jaume I e Universitat de València, 1993.

Dias, Maria Luiza. *Suicídio: testemunhos de adeus*. São Paulo, Brasiliense, 1ª reimpressão, 1997.

Durkheim, Émile. *O suicídio: estudo de sociologia*. São Paulo, Martins Fontes, 2000.

Escobar, Carlos Henrique de. "Comunicação e 'fait divers'", in *Tempo Brasileiro* (n.19/20). Rio de Janeiro, s/d.

Etkind, Mark. *...Or Not to Be: a Collection of Suicide Notes*. Nova York, Riverhead, 1997.

Fest, Joachim. *No bunker de Hitler: os últimos dias do Terceiro Reich*. Rio de Janeiro, Objetiva, 2005.

Folha de S. Paulo. *Manual da redação*. São Paulo, PubliFolha, 2001.

Foucault, Michel. *História da loucura*. São Paulo, Perspectiva, 7ª ed., 2003.

Frias Filho, Otavio. *Queda livre: ensaios de risco*. São Paulo, Companhia das Letras, 2003.

Garcia, Luiz (ed.). *O Globo: manual de redação e estilo*. São Paulo, Editora Globo, 1992.

Giannetti, Eduardo. *O valor do amanhã*. São Paulo, Companhia das Letras, 2005.

Goethe, J.W. von *Werther*. São Paulo, Abril Cultural, 1971.

Guillon, Claude e Yves Le Bonniec. *Suicídio: modo de usar*. São Paulo, EMW, 1984.

Halbwachs, Maurice. *Les causes du suicide*. Paris, PUF, 2002.

Hall, Stuart. *A identidade cultural na pós-modernidade*. Rio de Janeiro, DP&A, 7ª ed., 2002.

Harewood, conde de (ed.). *Kobbé: o livro completo da ópera*. Rio de Janeiro, Jorge Zahar Editor, 1991.

Jameson, Frederic. *Pós-modernismo: a lógica cultural do capitalismo tardio*. São Paulo, Ática, 2ª ed., 2002.

Joyce, James. *Ulisses*. Rio de Janeiro, Objetiva, 2005.

Krivopissko, Guy (org.) *La vie à en mourir: lettres de fusillés 1941-1944*. Paris, Tallandier, 2003.

Lage, Nilson. *Ideologia e técnica da notícia*. Petrópolis, Vozes, 2ª ed., 1982.

Levi, Primo. *Se questo è un uomo/La tregua*. Turim, Einaudi, 2001.

Lipovetsky, Gilles. "Modernismo e pós-modernismo", in *A era do vazio*. Lisboa, Relógio D'Água, 1983.

MacDonald, Michael e Terence R. Murphy. *Sleepless Souls: Suicide in Early Modern England*. Oxford: Oxford University Press, 1990.

Machado, Arlindo. "A comunicação e sua retórica", in Miguel Pereira; Renato Cordeiro Gomes; e Vera Lucia Figueiredo Sollain de Gomes (org.). *Comunicação, representação e práticas sociais*. Rio de Janeiro, Idéias & Letras, 2004.

Marx, Karl. "O 18 Brumário de Luís Bonaparte", in Giannotti, José Arthur (org.). *Os pensadores*. São Paulo, Abril Cultural, 3ª ed., 1985.

_____. *Sobre o suicídio*. São Paulo, Boitempo, 2006.

Minois, Georges. *Histoire du suicide: la société occidentale face à la mort volontaire*. Paris, Fayard, 1995.

Misrahi, Alicia. *Adiós mundo cruel: los suicidios más célebres de la Historia*. Barcelona, Oceano, 2003.

Morgan, Kenneth. O. (ed.) *The Oxford History of Britain*. Oxford, Oxford University Press, 1988.

Nisbet, R.A. *The Sociological Tradition*. New Brunswick e Londres, Transaction Publishers, 6ª ed., 2004.

Nosso Século. São Paulo, Abril Cultural, 1980.

O Dia. *Manual de redação e texto jornalístico*. Rio de Janeiro, Editora O Dia S.A., 1996.

Ortiz, Renato. *A moderna tradição brasileira: cultura brasileira e indústria cultural*. São Paulo, Brasiliense, 4ª reimpressão, 2001.

_____. *Mundialização e cultura*. São Paulo, Brasiliense, 5ª reimpressão, 2003.

Riley, Matilda White. *Sociological Research: A Case Approach*. Nova York, Chicago, São Francisco e Atlanta, Harcourt, Brace & World Inc., 1963.

Rodrigues, José Carlos. *Tabu da morte*. Rio de Janeiro, Achiamé, 1983.

_____. "Os corpos na antropologia." Texto inédito.

Scliar, Moacyr. *Saturno nos trópicos: a melancolia européia chega ao Brasil*. São Paulo, Companhia das Letras, 2003.

Shakespeare, William. *Hamlet*. Rio de Janeiro, JB, 1984.

Sodré, Nelson Werneck. *História da imprensa no Brasil*. São Paulo, Martins Fontes, 3ª ed., 1983.

Stone, Philip J. "A análise de conteúdo da mensagem", in Cohn, Gabriel (org.). *Comunicação e indústria cultural*. São Paulo, Companhia Editora Nacional, 4ª ed., 1978.

Thompson, Hunter. *A grande caçada aos tubarões: histórias estranhas de um tempo estranho*. São Paulo, Conrad, 2004.

Thompson, Ian. *Primo Levi*. Londres, Vintage, 2003.

Toledo, J. *Dicionário de suicidas ilustres*. Rio de Janeiro, Record, 1999.

Tocqueville, Alexis de. *A democracia na América*. Rio de Janeiro, Biblioteca do Exército Editora, 1998.

Tuchman, Gaye. "Qualitative Methods in the Study of News", in Jensen, Klaus; Nicholas W. Jankowski (org.). *A Handbook of Qualitative Methodology for Mass Communication Research*. Nova York, Routledge, 1991.

Van Dijk, Teun A. "Media Contents: The Interdisciplinary Study of News as Discourse", in Jensen, Klaus; Nicholas W. Jankowski (org.). *A Handbook of Qualitative Methodology for Mass Communication Research*. Nova York, Routledge, 1991.

Ventura, Zuenir. *Minhas histórias dos outros*. São Paulo, Planeta, 2005.

Wainer, Samuel. *Minha razão de viver*. São Paulo, Planeta, 2005.

Zaidhaft, Sérgio. *Morte e formação médica*. Rio de Janeiro, Francisco Alves, 1990.

Artigos na internet:

Deutschman-Ruiz, Cindi E. "Reporting on Suicide." Disponível em <http://www.poynter.org/content/content_view.asp?id=54176>
Acessado em 4 jan 2004.

Brandi, Paulo. "Vargas, Getúlio." Disponível em <http://www2.cpdoc.fgv.br/dhbb/verbetes_htm/5458_54.asp>
Acessado em 7 jan 2005.

Brasil é o primeiro país da América Latina a ter proposta para prevenir suicídio. Disponível em <http://oglobo.globo.com/pais/mat/2006/08/30/285468611.asp.>
Acessado em 12 out 2006.

Stack, S. "Media coverage as a risk factor in suicide." Disponível em <http://jech.bmjjournals.com/cgi/content/full/57/4/238?maxtoshow=&HITS=10&hits=10&RESULTFORMAT=&author1=stack&andorexactfulltext=and&searchid=1&FIRSTINDEX=0&sortspec=relevance&resourcetype=HWCIT>.
Acessado em 16 out 2006.

Trotsky, Leon. "En mémoire de Serge Essénine." Disponível em: <http://www.marxists.org/francais/trotsky/livres/litterature/essenine.htm>
Acessado em 6 jan 2005.

Agradecimentos

Este livro se baseia na dissertação de mestrado *Suicídio por contágio: a maneira pela qual a imprensa trata a morte voluntária*, defendida na Pontifícia Universidade Católica do Rio de Janeiro (PUC-Rio) no dia 6 de março de 2006.

O meu muito obrigado a Angeluccia Bernardes Habert, pela orientação; a Miguel Pereira, Renato Ortiz e José Carlos Rodrigues, pelas sugestões; a José Thomaz Brum, Karina Kushnir, Sérgio Zaidhaft e Vanessa Campos, pelos textos e conversas; a Agostinho Vieira, Ancelmo Gois, Luiz Garcia e Rodolfo Fernandes, pelas entrevistas; a Cristina Zarur e Mànya Millen, pela ajuda na pesquisa; ao Departamento de Comunicação Social e à Vice-Reitoria para Assuntos Acadêmicos da PUC-Rio; e ao jornal *O Globo*.

Esse livro foi composto em Adobe Garamond
e Grotesque e impresso por Bartira Gráfica
em março de 2007.